Marriage 결혼

| 남편과 아내 이렇게 사랑하라 |

| 남편과 아내 이렇게 사랑하라 |

1998년 3월 16일 · 제1판 1쇄 발행
1999년 6월 10일 · 제2판 1쇄 발행
2019년 2월 25일 · 제3판 1쇄 발행

지은이　　레스 패로트 3세 · 레슬리 패로트
옮긴이　　정동섭

발행인　　이요섭
담당편집　강성모
디자인　　박지혜
제작　　　박태훈
영업　　　김승훈, 김창윤, 이대성, 정준용
　　　　　이영은, 김경혜, 최우창, 백지숙

펴낸 곳　　요단출판사
등록　　　1973. 8. 23. 제13-10호
주소　　　07238) 서울특별시 영등포구 국회대로 76길 10
기획 문의　(02)2643-9155
영업 문의　(02)2643-7290
　　　　　Fax(02)2643-1877
구입 문의　인터넷서점 유세근
　　　　　요단인터넷서점 www.jordanbook.com

ⓒ 요단출판사 1998

정가 15,000원
ISBN 978-89-350-1734-8 03230

이 책의 한국어판 저작권은 요단출판사가 소유하고 있습니다.
출판사의 사전 승인 없이 이 책의 내용이나 표지 등을 복제, 인용할 수 없습니다

SAVING YOUR MARRIAGE BEFORE IT STARTS

SEVEN QUESTIONS
TO ASK BEFORE (AND AFTER) YOU MARRY

Dr. LES PARROTT III
&
Dr. LESLIE PARROTT

Copyright © Les & Leslie Parrott 1995

All rights reserved

Published by Zondervan Publishing House

Grand Rapids, Michigan 49530

Korean Edition Copyright © Jordan Press 1998

차례

역자 서문 • 6
감사의 말 • 10
추천사 • 13
시작하기 전에 • 18

첫번째 질문 · · · · · · · · · · · · · · · 27

당신은 결혼에 얽힌 신화들을
솔직한 심정으로 직면한 적이 있는가?

두번째 질문 · · · · · · · · · · · · · · · 52

당신은 당신의 사랑 스타일을 아는가?

세번째 질문 · · · · · · · · · · · · · · · 85

당신은 행복이라는 습관을 개발하였는가?

네번째 질문 · · · · · · · · · · · · · · · 112

당신은 뜻하는 바를 말하고,
상대방의 말을 들을 때 이해할 수 있는가?

다섯번째 질문 · · · · · · · · · · · · · 146

당신은 남녀 차이를 얼마나 좁혔는가?

여섯번째 질문 · · · · · · · · · · · · · 178

당신은 부부싸움을 잘하는 법을 아는가?

일곱번째 질문 · · · · · · · · · · · · · 209

당신과 당신의 배우자는 영혼의 친구인가?

후주 • 240

역자 서문

　현대 교회가 직면하고 있는 가장 큰 위기는 결혼과 가정의 붕괴라고 스위스의 신학자 에밀 브루너(Emil Brunner)는 일찍이 진단한 적이 있다. 우리나라의 가정도 30%가 넘는 이혼율을 보이며 빠른 속도로 붕괴되고 있다. IMF 이후 상황은 더 악화되고 있다. 이혼과 불행한 결혼을 막는 가장 효과적인 방법은 결혼 예비교육 또는 예비상담이다. 부부간의 불화를 상담하고 도와주는 것보다 행복의 비결을 미리 가르쳐주는 것이 노력이나 비용면에서 훨씬 더 효율적이다. 이 책은 결혼 예비교육을 주제로 다루는 책 중에서 가장 뛰어난 책이다.

　나는 한국 가정사역학회 회장으로서 한국의 가정과 교회를 위해 결혼예비교육 교재를 준비해야겠다고 생각하던 중에, 본인의 은사이신 게리 콜린스(Gary Collins) 박사로부터 시애틀 퍼시픽 대학의 패로트(Parrott) 교수 부부를 소개받았다. 패로트 부부가 이 책의 내용을 중심으로 결혼 예비교육에 대하여 대담하는 테이프를 듣고 우리 내외는 단번에 반해버렸다. 미국크리스천상담자협회(AACC) 회장으로 있는 게리 콜린스는 레스 패로트를 여러 명의 크리스천 심리학자들 중에서 가장 촉망되는 학자로 추천하였다. 결국 나는 안식년 휴가를 이용해 1997년 1월 중에, 그가 강의하고 있는 대학(SPU)으로 찾아가 패로트 내외와 즐거운 대화의 시간을 가졌다. 나는 이미 그의 대표작이라 할 수 있는 이 책을 읽은 후였기 때문에, 번역을 약속하고 여건만 허락되면 그를 한국에 초청할 것을 약속했다. 뉴질랜드에서의 예수전도단 훈련을 마치고 1997년 여름 귀국하는 대로 번역에 착수하여 1998년 1월 3일에 완역하였다. 강의와 집회 일정으로 바쁜 가운데 이 책을 통해 도움받을 수많은 남녀를 생각하며 애착을 가지고 문장 하나하나를 옮겼다.

미국과 한국의 문화적인 차이를 고려하여 예화에 나오는 인명을 한국 이름으로 각색할까 생각도 해보았지만 영어 이름을 그대로 쓰기로 결정했다. 책 내용에 문화적인 차이로 인해 우리의 결혼에 적용되기 어려운 메시지는 없다고 생각한다. 행복한 결혼의 원리는 문화를 초월해 동일한 것이기 때문이다.

가정사역의 선구자였던 데이비드 메이스(David Mace)는 전세계 78개국의 순회하면서, 각국의 결혼제도를 연구했다. 그의 연구에 의하면, 일단 결혼식을 올리면 부부는 저절로 사랑하게 된다는 자연주의(naturalism)와 부부사이에서 서로의 문제를 털어놓아선 안된다는 금기(intermarital taboo)가 세계적으로 부부간의 행복을 가로막는 가장 큰 장애물로 작용하고 있다. 사랑은 저절로 되는 것이 아니고, 피차 노력하여 성취하여야 할 기술이며 능력이다. 에리히 프롬

(Erich Fromm)이 간파한대로, 사랑에는 지식과 기술이 필요하다. 이 책은 행복한 결혼에 필요한 지식과 기술을 함께 제공하고 있다.

이 책의 저자들은 서로 사랑하는 동반자(companion)와 동역자(partner)로서 "지식을 따라"(벧전 3:7) "피차 복종하는"(엡 5:21) 성경적 모델을 보여주고 있다. 우리 내외는 이 책이 제시하는 지식과 기술을 삶에 적용하는 가운데, 가부장적인 위계질서를 따르는 결혼에서 동반자(친구)로서의 결혼을 거쳐, 브리스가와 아굴라(롬 16:4)에 의해 대표되는 동역자로서의 부부관계를 누리고 있다. 우리는 무식을 따라 아내와 동거하던 것이 어제 같은데 "지식을 따라 아내와 동거"(벧전 3:7) 하는 비결을 깨우쳐주신 하나님께 감사할 따름이다.

저자들과 우리 내외는 하나님의 특별계시와 일반계시, 즉 '계시된 진리'(성경)와 '발견된 진리'(심리학)를 모두 활용하여 사람을 섬겨야 한다고 믿는 복음주의자이다. 이 책은 1996년 미국 출판계에서 선정한 최우수 권장도서로서 골드 메달리언(Gold Medallion Award)을 수상한 패로트 부부의 대표작이며, 결혼을 앞두고 있는 모든 이들에게 자신있게 권할 수 있는 행복 안내서이다. 이미 결혼한 기혼부부들에게도 똑같은 도움을 줄 수 있는 메시지를 담고 있다. 1998년 초, 이 책의 한국어판이 출판되자마자 나는 한 권을 같은 학교의 동료교수인 이석철 박사에게 선물했다. 이 교수님은 곧 바로 이 책의 가치를 알아보고 그가 출석하는 교회에서 젊은 부부들을 상대로 이 책을 읽히고 또 본서에 따르는 워크북을 번역하여 가르쳤다. 물론 반응은 아주 긍정적인 것이었다. IMF 체제 아래서도 이 책은 소문에 꼬리를 물고 1년만에 세 차례나 중간되는 기록을 세웠다. 성인교육의 권위자이신 이석철 교수님의 번역으로 남녀공용 워크북이 이번 기회에 함께 독자들의 손에 쥐어지게 된 것이 더 없이 기쁘다. 가정사역에 종사하는 여러 동역자들과 결혼을 앞둔 미혼 남녀 그리고 기혼의 크리스천 남녀에게 널리 활용되기를 바라마지 않는다.

이 세상에서 제일 중요하고 친밀한 관계는 부부관계이다. 관계는 항상 더 좋아질 수 있는 것이다. 이 책이 당신의 결혼과 당신의 친구들의 결혼을 더욱 풍요롭게 하는 촉매제가 되리라 확신한다.

정동섭 박사
(가족관계연구소장
가정사역학회 초대 회장)

감사의 말

우리는 『결혼: 남편과 아내 이렇게 사랑하라』 프로젝트에 기여한 많은 분들에게 깊은 감사를 드린다. 늘 그러했듯이, 존더반 출판사의 직원들은 비범한 능력을 보여주었다. 발행인 스코트 볼린더의 비전 어린 지원에 우리는 계속적으로 격려와 감명을 받았다. 우리의 원고를 편집해 준 샌디 지흐트와 편집부 책임자 로리 웰버그는 직업적으로 은사가 있는 분들일 뿐 아니라 개인적으로 헌신된 분들이었다. 특히 중국음식을 함께 들면서 이들과 함께 일하는 것은 참으로 즐거운 일이었다. 광고부장 크리스틴 앤더슨은 그녀의 독특한 매력과 기지와 지혜로 이 프로젝트에 활기를 불어넣어 주었다.

우리는 스티브와 탠 무어, 데니스와 루시 건지 그리고 존과 케이 사이머에게 감사드린다. 이들은 모두 결혼식을 올리기 전에 결혼을 위해 준비하라는 아이디어에 날개를 달아준 분들이다. 인간관계 개발센터(Center for Relationship Development)의 연구부장 조이 해머슬라 박사는 우리 노력의 효율성을 철저한 꼼꼼함으로 추적하고 있는데, 우리는 이에 대해 고마움을 느끼고 있다. 우리의 사무조교 조이스 핍킨은 참된 지원자로서 여러 가지 방법으로 우리의 삶을 수월하게 만들어주고 있다. 캐리 뉴벨의 리서치 기술은 이 프로젝트에서 빛을 발했는데, 그녀는 도서관에서 자료를 추적하다가 여러 차례 '금광'을 캐내는 성과를 올렸다. 언제나 낙천적이고 지칠 줄 모르는 제프 주디는 우리의 프로그램을 운영하는 데 엄청난 도움이 되었다.

시애틀 퍼시픽 대학교 교정에 인간관계 개발센터를 설립하도록 도와준 존 우드야드와 드루 앤더슨 그리고 머독자선기금(Murdock Charitable Trust)의 이사들의 친절이 아니었다면 이 프로젝트는 현실화될 수 없었을 것이다. 우리는 우디 셀프 박사의 영도 하에 발전하고 있는 우리 대학교에 감사하며, 건강한 인간관계를 개발하는 일에 헌신하고 있는 센터를 지원해 준 데 대하여 이들 모두에게 감사드린다.

이 책을 저술하는 과정에서 우리는 우리가 여러 지성적 거인들 어깨 위에 서 있다는 것을 민감하게 인식하였다. 몇 명만 언급하자면, 워싱턴 대학교의 존 고트만 박사, 덴버 대학교의 하워드 마크맨 박사와 스코트 스탠리 박사, 미국 워싱턴 D. C.의 카톨릭 대학교의 클리포드 노타리우스 박사, 조지타운 대학교의 데보라 태넌 박사, 미네소타 대학교의 데이비드 올슨 박사, 샌디에이고의 U. S. 인터내셔널 대학교의 로버트와 자네트 라우어 부부 박사, 예일 대학교의 에베레트 워딩턴 박사 등이다. 우리는 또한 결혼이 시작되기 전에 결혼이 깨지는 것을 막아야 한다는 마이크 맥마누스와 같은 언론인에게 커다란 자극을 받았다. 이들 모두에게 우리는 깊은 감사를 드린다.

    끝으로, 우리는 『결혼: 남편과 아내 이렇게 사랑하라』 세미나에 참여하였던 수백 명의 부부와 결혼멘토들에게 심심한 사의를 표하고 싶다. 여러분들의 결혼여정에 동참할 수 있었던 것은 영광스런 일이었다.

추천사

한 마디로 이 책은 '강추'다.

나는 가정생활에 관한 과목을 강의할 때마다 이 책의 주요 내용을 소개하며 일독을 권하고 있다. 가끔씩 결혼식 주례 부탁을 받을 땐 이 책과 함께 워크북을 예비부부에게 선물로 주면서 주례 수락의 '조건'으로 먼저 이 책을 공부하라고 요구한다. 대학을 다니는 학생들이든, 결혼을 앞둔 예비부부든, 또는 이미 결혼생활을 하고 있는 사람들이든, 필자가 이 책을 공부하도록 만든 사람들은 모두 하나 같이 고마워한다. 물론 대부분 처음에는 '공부'하라는 말을 달갑게 듣는 눈치는 아니었지만 말이다.

저자인 패로트(Parrott) 부부는 이 책을 "충심으로 나누고 싶은 마음에서 썼다"고 말한다. 나는 이 책을 실제로 오랫동안 사용해 오고 있는 사람으로서 그 진가를 알기에, 여러 사람에게 입소문을 내고 싶은 마음으로 이 추천사를 쓴다. 이 책은 가정사역 전문가이신 정동섭 박사님의 탁월한 번역으로 이미 여러 번의 중판을 거듭하며 좋은 반응을 얻어 왔다. 또 한 번의 중판에 즈음하여 그래도 더 많은 사람들이 이 책을 알고 공부하여 유익을 얻기를 바라는 마음에서 이 책을 강력 추천한다.

일과 사랑은 삶에서 중요한 두 가지 주제이다. 결혼은 그중 사랑과 밀접한 관련이 있는 것이어서 그 중요성은 아무리 강조해도 지나치지 않다. 안타까운 것은 많은 사람들이 결혼보다 결혼식에 관심을 쏟는 오늘날의 세태이다. 결혼은 낭만적인 동화나 영화가 아니라 현실의 삶이다. 그것은 사람들 앞에서의 일회적 이벤트가 아니라 배우자를 포함한 가족들과의 관계를 빚어나가는 지속적인 과정이다. 그래서 결혼 생활은 어려운 것이다. '삼포세대'나 '오포세대'에서 말하는 결혼 포기는 주로 경제적 요인과 관련이 있지만, 이미 결혼한 사람들의 결혼 생활이 불행하고 파탄에 이르는 것은 주로 관계적 이유 때문이다.

그렇다면 우리는 관계적 측면에서 결혼에 대한 준비를 잘해야 하고 계속적인 노력을 기울여야 한다. 그것은 저절로 되는 것이 아니라 진지한 배움과 훈련이 요구되는 일이다. 저자들은 이것이 곧 행복한 결혼 생활에 필요한 "일정한 기술을 터득하는 문제"라고 말하고 있다. 이는 누구의 가르침을 받든 아니면 혼자 배우든, 필수적인 원리들을 잘 이해하고 삶에서 그것을 효과적으로 적용하는 능력을 기르기 위해 공부를 하는 일이다.

나의 경험에 비춰볼 때 이 책은 그러한 결과를 만들어내는 데 매우 적합한 자료이다. 많은 전문가들의 연구와 실천 경험을 토대로 저자 부부의 통찰력에서 도출된 일곱 가지 원리는 그야말로 행복한 결혼 생활을 위한 '엑기스'이다. 이 원리들을 공부하여 잘 아는 것은 그 어떤 혼수보다 더 좋은 결혼 준비가 될 것이다. 그리고 그 원리들을 꾸준히 실천하는 일은 그 어떤 혼인서약보다 더 책임 있는 사랑의 행위일 것이다.

한 마디로 이 책은 '강추'다.

이석철 교수
(침례신학대학교 기독교교육학과)

"그런즉 믿음 소망 사랑 이 세 가지는 항상 있을 것인데
그 중에 제일은 사랑이라" (고전 13:13)

보석과 같은 말씀이다. 그런데 나는 재미있는 상상을 해 보았다. "그 중에 '제일(　)은' 사랑이라"는 말씀의 괄호에 '무엇인가가 들어가야만 했었는데 빠진 것은 아닐까?'

'제일(힘든 것)은' '제일(하기 어려운 것)은' 등의 말이 빠진 것은 아닌가? 이런 의문과 상상에 젖어 있던 때에 여기 괄호 속에 넣어야 할 말을 제대로 해 준 책이 내 곁에 다가왔다. 『결혼: 남편과 아내 이렇게 사랑하라』이다. 결혼 전 필독서와 신혼여행을 떠나는 커플의 여행가방 속에 슬쩍 밀어 넣어주고 싶은 책이다. 아니 이미 결혼생활을 하고 있는 이들에게 행복의 네비게이션으로 장착해 주고 싶다. 정동섭 교수의 유려한 문장의 번역도 마음에 든다. 판을 거듭해서 새롭게 단장되어 예쁘기도 하다. 책을 통해 이 세상의 그리스도를 사랑하는 부부들이 이 세상에 가장 '빛난 별'들이 되길 축복한다. 그래서 그들의 화목한 모습을 보고 세상의 모든 부부들도 참된 행복의 길을 찾길 바란다. 행복한 가정을 꿈꾸는 모든 부부들에게 본서의 일독을 권한다.

송길원 목사
(가족생태학자, 하이패밀리 대표,
청란교회 담임)

이 책의 서문에 이런 말이 있다.

"오늘날 결혼하는 모든 부부는 모험을 하는 것이다. 결혼을 앞둔 사람들은 결혼을 준비하기 보다는 결혼식을 위해 더 많은 준비를 한다."

참으로 동의가 되는 말이다. 결혼을 앞둔 사람들은 결혼이 얼마나 어렵고 위험한지 모른다. 다만 결혼하고 나면 행복이 눈앞에 펼쳐질 것이라는 기대를 가질 뿐이다. 그러나 결혼을 하기 전에 준비해야 할 것이 있다. 그것은 '행복한 결혼 생활에 필요한 것이 무엇인지?' 배우고, 연구하고, 연습하는 것이다. 즉 결혼 생활에 대한 실제적인 지식과 기술이 필요하며, 그것을 연습해야 한다.

저자는 이를 위해 7가지의 핵심 질문에 대해 아주 실제적이면서도 정확하게 답변을 제시하고 거기에 묵상 질문을 더하여 실제적으로 고민하도록 도와주고 있다. 이 책이 행복한 결혼을 꿈꾸는 이 세상의 모든 부부들에게 큰 도움이 될 것이라고 확신한다.

심수명 교수
(칼빈대 상담학과 교수,
사단법인 한국인격심리치료협회 협회장)

시작하기 전에

우리는 결혼 전 예비상담을 한 번도 받아 본 적이 없지만, 결혼 생활 첫해에 치료를 받으면서 보냈다. 우리는 상담자와 일주일에 한 번씩 만났다. 그는 우리가 결혼하기 전에는 존재하는지조차 알지 못했던 '주름 잡힌 부분들'을 펼 수 있도록 우리를 도와주었다. 우리에게 무슨 심각한 문제가 있어서 그런 것은 아니었다. 그러나 우리는 결혼식을 올린 후 우리의 생활이 자연스럽게 제자리를 찾아갈 것이라는 순진한 생각을 하고 있었다. 그리고 결혼 예비과정이나 상담 같은 것은 생각해 본 적도 없었다. 우리는 6년을 연애하고 약혼식을 올린 후 9개월 만에 결혼했다. 우리에게는 많은 공통점이 있었다(심지어 우리의 이름 첫자까지 같지 않은가). 우리는 첫단추부터 바르게 꿰었기 때문에, 차츰 집을 세우고, 동화에서 말하듯이 '그 후 행복하게' 잘 살 수 있으리라 생각했다.

그러나 우리는 그러지를 못했다. 결혼 첫해는 처음부터 순탄하지가 않았다. 출발부터 어려웠다. 교회에서 리무진 승용차를 타고 떠날 때, 차창 뒤로 가족과 친구들에게 작별인사를 하면서 나(레슬리, Leslie)는 울음을 터뜨렸다.

"왜 그래요?" 레스(Les, 남편)가 물었다.

나는 계속 울면서 대답하지 않았다.

"당신, 지금 행복해서 우는 거예요, 슬퍼서 우는 거예요?" 남편은 내 어깨를 감싸안으면서 대답을 기다렸다. 내가 대답을 하지 않자, 그는 다시 물었다. "속으로 무슨 생각을 하는 거예요?"

"나도 몰라요." 코 멘 소리로 대답했다. "나도 몰라."

남편은 팔에 힘을 주어 나를 안았다. 나는 남편에게 상처를 주고 있음을 알고 있었다. 그러나 나는 무슨 말을 해야 할지를 몰랐고 내가 왜 그렇게 슬퍼하는지도 알지 못했다.

우리 뒤에서 나는 양철깡통의 부딪히는 소리를 제외하고는 1984년 6월 30일 오후에 비행장으로 가는 길은 조용하기만 했다. 담배 연기가 자욱한 오헤어 국제공항에서 출발시간을 기다리고 있는 동안, 우리 둘은 막 통과한 의식에 대하여 몽롱한 상태에 있었다. 우리는 진짜 결혼한 것일까? 결혼한 것 같지가 않았다. 우리는 신혼부부였다. 그러나 우리는 피난민 같은 기분이었다.

비행기에 오른 후, 우리는 녹초가 된 채 자리를 잡았다. 결혼식을 올리기까지 너무나 많은 시간과 에너지가 소모되었다. 식은 계획대로 진행되었다. 그러나 이제 무엇을 어떻게 해야 하는가? 정서적으로 기진한 우리는 함께 비행기에 앉아, 결혼의 의미를 조용히 묵상하고 있었다. 결혼이란 무엇이며 어떤 것인가? 나는 왜 아무런 차이를 느끼지 못하는가? 나와 결혼한 이 사람은 진짜 어떤 사람일까?

기쁠 때나 슬플 때나?

솔직히 한번 생각해 보자. 결혼서약 중 '죽음이 우리를 갈라 놓을 때까지'라는 말은 점점 더 역설적으로 들린다. 1930년대에는 결혼한 일곱 커플 중 하나만이 이혼으로 끝났다. 1960년대에는 네 커플 중 하나가 이혼하였다. 금년에 미국에서 결혼할 240만 커플 가운데, 적어도 50%는 깨지리라는 예측이다. 너무 많은 부부에게, 결혼은 '이혼이 우리를 갈라 놓을 때까지'가 되었다.

오늘날 결혼하는 모든 부부는 모험을 하는 것이다. 매년 20만 커플 이상의 결혼이 결혼 2주년을 맞이하기 전에 파경으로 끝을 맺고 있다. 신혼부부는 꽃다발을 날리고 예복을 돌려준 다음, 이제는 행복이 그들을 기다리고 있다고 흔히들 생각한다. 그러나 최근에 혼인한 사람들을 대상으로 연구한 결과는 신혼부부 중 49%가 심각한 부부문제를 겪고 있음을 보여준다. 다시 말하면 그들의 반 정도가 그들의 결혼이 과연 지속될 수 있을까에 대한 의문을 이미 가지고 있다는 것이다.[1]

약혼한 남녀 대부분은 그들의 '결혼'을 준비하기보다는 '결혼식'을 위해 더 많은 준비를 한다. 연간 200억 불을 상회하는 결혼예식 산업이 이 사실을 입증한다. 전문가들에 의하면, 오늘날 평균 200명의 하객이 참석하는 예식은 15,000불에서 30,000불이 소요된다고 한다.[2] 신부를 대상으로 하는 잡지는 매달 100만 부 이상이 판매되는데, 이런 잡지는 주로 결혼식, 신혼여행, 가구 장만에 초점을 맞추고 있을 뿐 결혼 자체에는 주의를 기울이지 않고 있다.

우리의 경우를 봐도 결혼식 준비는 많이 하면서 정작 결혼을 위해서는 거의 준비를 하지 않았다. 그러나 사실은 미국에서 이루어지는 결혼의 20% 미만의 부부만이 모종의 형식적인 결혼준비를 하고 있다는 것이다.[3] 우리는 결혼식에 투자되는 정도의 시간과 정력과 돈이 결혼에 투자된다면 어떠한 결과가 나올까를 생각하게 된다. 완전한 결혼식을 계획하는 일이 성공적인 결혼보다 우선시될 때가 너무나 많다. 그러나 계획하지 않는 것은 궁극적으로 결혼을 망치는 지름길이다.

정교한 예식 축하연의 흥분이 지나간 후에는 보통 예식 후 우울증이 찾아오게 마련이다. "정서적으로 흥분하여 멋진 초청장을 주문하고, 예식을 위한 음악을 선곡하며, 그릇 모양을 선택하는 데 주의를 집중하다 보니 더 큰 그림을 볼 여유가 없었어요." 젊은 신부가 우리에게 토로하였다. "예식은 결혼보다 더 가시적이며 덜 도박적이었어요. 나는 결혼식에 에너지를 투자하고 최선의 결과가 나오기를 바랐습니다." 사람들은 너무나 오랫동안 사랑에 빠지고, 결혼하고, 잘되기를 바라는 풍조를 따랐다. 이 책은 다른 접근을 제시한다.

행복한 결혼을 예측하는 방법

지난 20여 년 동안 결혼 전문가들은 행복한 결혼의 구성요소를 연구했다. 그 결과 우리는 과거 어느 때보다도 성공적인 결혼생활을 이루는 방법에 대하여 더 많은 것을 알게 되었다. 예를 들어, 행복한 결혼생활을 하는 부부들은 다음과 같은 특징을 지닌다.

- 결혼에 대한 건전한 기대
- 사랑에 대한 현실적 개념

- 삶에 대한 긍정적 태도와 인생관
- 감정 전달 능력
- 남녀 차이를 이해하고 수용함
- 결정을 하고 논쟁을 해소할 수 있는 능력
- 공통된 영적인 기초와 목표

건전한 결혼생활을 예측하는 것은 이 책에서 제시하려는 7가지 질문의 기초를 이룬다. 이 문제들을 이해하기 위해 시간을 투자하는 것은 이혼에 대비해 보험에 가입하는 것과 같다.

이 책은 결혼이 꼭 도박이어야 할 이유가 없다는 주장을 근거로 삼는다. 수백 명의 결혼한 부부를 상담하는 심리학자(레스)와 결혼 및 가족치유 전문가(레슬리)인 우리는 행복하게 사는 것은 '신비스러운 일'이라기보다는 일정한 기술을 터득하는 문제임을 배우게 되었다. 결혼생활에 늘 어려움이 따르겠지만, 당신은 어떤 생활기술을 터득함으로써 당신의 관계를 꾸준하고 놀라울 정도로 개선할 수 있다.

많은 부부들은 파경과 결혼의 불만 요인으로 엉뚱하게 시댁이나 처가, 돈, 섹스를 탓한다. 그러나 결혼에서 참으로 문제가 되는 것은 대개 역기능적 의사소통과 남녀 차이로 인한 갈등, 영적 건강의 결핍 등이다. 이 책은 모든 부부들의 핵심적인 갈등 요소들을 직접 다루고 있다. 독자가 독신이든, 교제중이든, 장래를 약속하고 결혼을 생각하든, 이미 결혼생활 중이든 간에 이 책은 불행이 시작되기 전 지속적이고 행복한 결혼생활을 하는 데 필요한 기술들을 배우도록 당신을 도울 것이다.

우리는 이 책에 병행해서 사용되어야 할 워크북을 저술하였다. 워크북에 수록되어 있는 22가지의 자가 테스트는 이 책에서 가르치는 내용을 실천에 옮길 수 있도록 당신과 파트너를 도와줄 것이다. 또한 부가적인 도움을 제공할 목적으로, 부부끼리 또는 소그룹에서 토론주제로 사용될 수 있는 질문들을 각 장의 마지막 부분에 수록하였다.

우리는 이 책을 충심으로 나누고 싶은 마음에서 썼다. 우리는 평생 동안 지속될 결혼생활에 필요한 기본 기술을 새 세대 젊은 부부들에게 제공하기를 원한다. 이 기술을 배우는 동안, 당신은 두 인격이 지상에서 경험할 수 있는 가장 깊고 근본적인 친밀감의 표현을 보게 될 것이다.

레스 패로트 3세와 레슬리 패로트
시애틀 퍼시픽 대학교 인간관계 개발센터
시애틀, WA 98119

피차에 대한 강력한 헌신으로
우리 부부에게 성숙한 결혼생활의 모델이 되어준
두 부부, 리차드와 캐롤 그리고 로저와 메리 루에게 바친다.

행복한 동화의 해로운 독이
우리 가운데 퍼져 있다

아나이스 닌(Anais Nin)

첫번째 질문

당신은 결혼에 얽힌 신화들을
솔직한 심정으로 직면한 적이 있는가?

톰(Tom)과 로라(Laura)가 우리를 보러 온 것은 결혼식을 올린 지 꼭 9개월이 지난 다음이었다. 그들은 "그 후 행복하게 살았다"라는 신화를 통째로 삼켜 버리고 이제 속이 메슥메슥한 지경에 와 있었다. "결혼 전에 우리는 잠시도 떨어지기가 힘들었어요." 로라가 말했다. "우리는 거의 모든 것을 같이했어요. 그래서 결혼을 하면 계속 그럴 것이라고, 아니 그 이상으로 함께하는 일이 많을 거라고 생각했지요." 그녀는 잠시 멈추었다가 말을 이었다. "그런데 지금 그는 자기만의 공간이 더 필요하다고 하니, 내가 결혼한 그 남자가 아닌 것 같아요."

톰은 아내가 말하는 동안 눈동자를 좌우로 굴렸다. "결혼 전의 그는 친절하고 생각이 깊은 남자였어요."

"아, 그런데 지금은 완전히 쓸모없어졌다는 말이지?" 톰이 끼어들었다.

"물론, 그런 것은 아니에요. 당신, 아니 우리가 지금 그저 달라졌다는 것뿐이에요."

초조한 듯 결혼반지를 비틀면서 톰은 로라를 바라보았다. "내가 그려온 결혼도 이런 것은 아니었어요. 결혼을 밀월 같은 것으로 기대한 것은 아니었지만, 나는 그녀가 내 생활을 좀더 쉽게 만들어 주지 않을까 하고 기대를 했었죠. 그런데 내가 직장에서 돌아오면, 그녀가 원하는 것은 언제나 밖에 나가든지…."

"나는 매일 저녁 당신을 위해서 식사를 준비하잖아요." 로라가 말을 막았다.

우리 앞에서 감정을 절제 없이 드러낸 것에 놀랐는지, 그들은 갑자기 말을 멈추더니 "아시겠지요. 우리 결혼은 뭔가 잘못된 게 틀림없어요"라고 말하는 듯 우리 쪽을 쳐다보았다.

톰과 로라는 결혼을 하면 행복이 쏟아질 거라 여기며 결혼생활을 시작했다. 그들은 결혼이 힘든 노력을 요한다는 이야기를 듣기는 했지만, 하루 24시간, 일주일 내내 계속되는 일이라고는 생각하지 않았다.

"그 후 행복하게 살았다"는 결혼에 대한 믿음은, 가장 널리 퍼져 있으며 가장 파괴적인 결혼신화이다. 그러나 이것은 결혼신화라는 빙산의 일각에 지나지 않는다. 힘겨워하는 결혼을 보면 마땅히 어떠해야 된다는 갖가지 잘못된 관념으로 얼룩져 있다.[1] 그러나 이 장에서는 가장 해롭고 흔한 관념만을 살펴볼 것이다.

> "그 후 행복하게 살았다"는 말은 문학에 나오는 가장 비극적인 문장들 중 하나이다. 그 말은 거짓이기에 비극적이다. 이것은 여러 세대에 걸쳐 가능하지 않은 것을 기대하게 만드는 신화이다.
>
> 조수아 리브만
> (Joshua Lievman)

1. 우리는 결혼에서 똑같은 것을 기대한다.
2. 우리 관계에서 좋은 것은 더 좋아질 것이다.
3. 내 생활에서 나쁜 것은 모두 사라질 것이다.
4. 내 배우자는 나의 부족한 면을 온전하게 채워줄 것이다.

이 장에서 목표로 하는 것은 결혼에 대한 잘못된 신화를 제거하는 것이다. 결혼은 너무나 오랫동안 '비현실적인 기대'(unrealistic expectations)와 '오도된 가정'(misguided assumptions)이라는 짐들을 지어 왔다. 이 네 가지 신화에서 벗어난 부부는 기쁨과 슬픔, 정열과 아픔으로 이루어진 결혼이라는 현실 세계 속으로 정착해 들어갈 수 있다.

신화 ① 우리는 결혼에서 똑같은 것을 기대한다

우리가 예상하는 것은 거의 일어나지 않고, 우리가 거의 기대하지 않는 것이 일반적으로 일어난다. 특히 결혼에서 그렇다. 주례자 앞에서 신혼부부들이 "예"라고 대답하는 순간, 그들은 항상 성취되지만은 않을 무수히 많은 의식적이며 무의식적인 기대를 결혼에 건다.

닐(Neil)과 캐시(Cathy)는 20대 후반의 부부로서 결혼생활 4년째를 맞고 있다. 그들에게는 함께 생활하는 모습이 어떠할 것이라는 분명한 기대가 있었다. 그러나 그들은 한번도 그 생각을 거론한 적이 없었다. 그들은 그저 대부분의 신혼부부처럼 상대방도 자신과 동일한 그림을 그릴 거라 기대했었다. 그러나 현실은 그들의 생각과 완전히 달랐다.

캐시 (아내)	"나는 결혼생활이 우리 생활양식에 더 많은 안정과 예측할 수 있는 규칙을 가져다 주리라고 기대했습니다. 그것은 정원에서 함께 일하는 것을 의미했습니다."
닐 (남편)	"나는 우리 결혼이 그럭저럭 이어지는 일상의 반복이 아니라 즉흥적이고 흥미진진하기를 원했습니다. 그것은 아내와 함께 오토바이 타는 것을 의미했습니다."

아주 어린 시절부터, 이 부부는 결혼생활에 대한 꿈을 꾸기 시작했다. 그들은 부모가 '결혼생활'의 모델을 보여주는 가정에서 성장했다. 그들은 사랑의 관계를 묘사하는 책들도 읽었고 결혼 장면을 묘사하는 영화나 텔레비전 쇼를 보기도 했다. 여러 해 동안 이들

은 결혼생활 이후의 삶에 대하여 환상을 품어 왔다. 이들은 별로 노력할 필요도 없이 결혼생활이 어떠하리라는 생각을 형성하였다.

이 젊은 부부는 의식적으로든 무의식적으로든 마음속으로 결혼이라는 캔버스 위에 그림을 그렸다. 그러나 상대방이 다른 팔레트에서 색을 선택하여 그림을 그리고 있다는 생각은 하지 못했다. 그들은 단순히, 평생을 같이할 파트너가 보색을 사용해서 비슷한 스타일의 그림을 그릴 것이라고 가정했던 것이다.

그러나 결혼 첫해는 뚜렷하면서도 예상치 않은 대립을 보여 주었다. 아내가 안정이라고 생각하는 것을 남편은 지루하다고 생각했다. 그들은 많은 부분에서 같은 것에 가치를 두었으나 귀하게 여기는 정도가 서로 달랐다. 아내가 섬세한 색으로 조심스럽게 칠을 했다면, 남편은 삼원색으로 대담하게 칠해 버렸다.

두 사람 사이에 가장 맞지 않는 기대들은 '불문율'이라는 규칙과 '무의식적 역할'이라는 두 가지로 좁혀진다. 이 두 가지를 밖으로 드러내는 것은 여러 해 동안 젊은 부부의 결혼생활을 어렵게 하는 것을 미리 막아줄 수 있다.

불문율

모든 사람은 입으로는 거의 말하지 않지만 언제나 잘 알려져 있는 몇 가지 규칙들을 따라 생활한다. 불문율(Unspoken Rules)은 배우자가 그 규칙을 '어길 때' 더 큰소리를 낸다. 이것은 결혼 후 처음으로 우리 가족들을 방문했을 때 고통스런 현실로 다가왔다.

어느 해 성탄절에, 우리는 휴일을 가족들과 함께 보내기 위해 로스앤젤레스에서 비행기를 타고 시카고에 도착했다. 첫날은 나(레슬리)의 집에서 보내게 되었다. 나의 가족이 늘 하던 습관대로, 나는 가족과 1분이라도 더 함께하고 싶어 아침 일찍 일어났다. 반면에 레스는 계속해서 잠을 잤다.

나는 레스가 일어나지 않는 것을 회피와 거절로 해석하고, 그가 우리 가족과 함께하는 것에 가치를 두지 않는다고 생각했다. 그래서 "모든 사람이 일어나서 식사를 하고 있는데, 당신은 우리와 같이 있고 싶지 않나요? 당신이 함께 어울리지 않으니까 내 입장이 보통 난처한 게 아니에요." 하고 남편에게 말했다.

그러나 남편은 내가 심각해 하는 것을 이해하지 못했다. "내가 뭘 잘못했어요? 나는 그저 시차 때문에 잠을 좀더 잔 것뿐인데. 샤워를 하고 바로 내려갈께요." 하고 남편이 말했다. 나중에 안 사실이지만, 남편은 휴일을 느긋하고 태평스럽게 보내기를 기대하고 있었다. 그의 집에서는 늘 그랬기 때문이었다.

이 사건에서 보면, 레스는 존재하는지조차 알지 못했던 규칙을 어겼다. 그리고 나는 한번도 말로 표현한 적이 없는 규칙을 발견했다. 우리는 피차 오해받은 기분이었고 좌절감을 느꼈다. 우리는 용납할 만한 것에 대해 서로 다른 생각을 갖고 있었는데, 우리의 기대가 그렇게 다르리라고는 생각지 못했던 것이다. 우리는 각기 상대방의 표현되지 않은 기대 때문에 짜증이 났으며, 상대방이 똑같은 규칙을 따라 살지 않는 것에 대해 좌절감을 느꼈다.

첫번째 크리스마스 이래로, 우리는 비밀스런 기대들에 대해 이야기하면서 불문율들을 서로 알리게 되었다. 우리는 또한 우리가 상담하는 부부들에게 그들의 불문율을 더 의식하도록 도와주었고, 작은 문제가 큰 문제로 발전하는 것을 막아주었다. 다음은 우리가 다른 부부들에게서 들은 불문율의 예이다.

- 다른 사람이 일할 때 끼어들지 말라.
- 다급한 상황이 아니면 도움을 요청하지 말라.
- 당신이 성공한 일이 있으면 자랑하지 않는 게 좋다.
- 공개적인 자리에서 돈 얘기를 하지 말라.
- 절대로 자신에게 주의를 집중시키지 말라.
- 돕겠다고 나서지 말라.
- 너무 오래 또는 너무 열심히 일하지 말라.
- 아프지 말라.
- 절대로 음성을 높이지 말라.
- 당신의 몸에 대하여 말하지 말라.
- 약속시간에 늦지 말라.
- 잠자리에 들기 전에 부엌을 깨끗이 치워라.
- 당신의 감정에 대해 말하지 말라.
- 빠르게 운전하지 말라.
- 식당에서 디저트를 사지 말라.
- 무엇에 대해서든지 너무 심각해 하지 말라.
- 비싼 선물을 사지 말라.

> 연습문제 ❶
>
> | 당신의 개인적인 십계명 |
>
> 당신은 결혼생활을 하면서 불문율이라는 지뢰밭을 통과하고 있지는 않는가? 워크북 연습문제 '당신의 개인적인 십계명'은 당신의 불문율에 대한 인식도를 높이고, 쓸데없는 폭발을 피할 수 있도록 도와준다. 이 연습은 당신의 관계를 위하여 자유롭게 규칙들을 받아들일 수도 있고, 거절할 수도 있으며, 도전할 수도 있고, 변화시킬 수도 있다는 것을 인식하게 도와준다.

무의식적 역할

서로 어긋나는 기대의 두번째 원인은 당신과 배우자가 자신도 모르는 사이에 빠지는 '무의식적 역할'(Unconscious Roles)과 관련된다. 연극 공연에서 배우가 대본을 따르듯이 결혼한 부부도 마찬가지이다. 신랑과 신부는 그들의 개인 성품, 가족 배경, 결혼에 대한 기대가 합쳐져 형성한 역할을 자기도 모르는 사이에 수행하게 마련이다.

마크(Mark)와 제니(Jenny)는 신혼여행에서 돌아오자 무의식적 역할로 빠져들어갔다. 그들은 집안을 꾸미고, 가구를 배치하고, 옷장을 정리하고, 그림 거는 일을 하고 있었다. 그들은 왜 그런지도 모르고 싸움을 시작했다. "이 테이블은 어디에다 놓았으면 좋겠어요?" 남편 마크가 물었다. "글쎄요. 당신은 어디에 놓아야 한다고 생각해요?" 아내 제니가 대답했다. "그저 어디다 놓으라고만 말해 줘요." 마크가 못 참겠다는 듯 말했다. 그들은 거듭거듭 이 대본을 되풀이했다. 서로 상대방이 이끌어 주기를 원했지만, 아무도 리더십을 발휘하지 않았다.

제니와 마크는 각자 자라 온 가정에서 관찰했던 역할을 무의식적으로 수행하고 있었다. 제니 아버지는 실내장식가의 눈을 가진 '해결사' 같은 사람으로 항상 집안일을 능숙하게 처리하였다. 그래서 그녀의 어머니는 자신을 필요로 할 때 남편을 도와주기만 하면 되었다. 반면에 마크 아버지는 바쁜 사업가로 전등 하나 제대로 갈아 끼울 줄 몰랐다. 그의 집에서는 어머니가 집안을 관리하였다. 그래서 마크와 제니는 남편과 아내로서 '부과된 역할'만을 떠맡아 놓고는, 왜 상대방이 자기 일을 기피하는지에 대해 의아해하고 있었다.

물론 남편과 아내가 빠져들어가는 무의식적 역할은 무수히 많다. 보다 흔하게 드러나는 역할을 몇 가지 소개하면 다음과 같다.

- 기획자
- 조종사
- 장 보는 사람
- 비밀을 지키는 자
- 요리사
- 코미디언
- 선물 사는 사람
- 청소하는 사람

만일 당신이 대부분의 부부들과 다를 것이 없다면, 당신이 보고 자란 역할 모델에 의해 쓰여진 대본을 따르려 할 것이다. 많은 경우에, 이 자연스런 경향을 의식하기만 해도 당신은 실망스러운 연극판을 벌이지 않게 될 것이다. 일단 각자가 취하기 쉬운 역할들을 의식하면, 함께 새로운 대본을 쓰기 위해 상의하게 될 것이다.

> 많은 사람들이 금빛을 기대하기 때문에 구름 위로 나타나는 은빛 광채를 보지 못한다.
>
> 모리스 세이터
> (Mayrice Seitter)

미리 정해진 역할들 때문에, 마크와 제니는 그림 하나도 벽에 걸지 못한 채 결혼 첫해를 보냈다. 상담을 받고 나서야 이 부부는 그들이 겪는 침체의 원인을 알게 되었고, 무의식적으로 부여된 역할에 변화를 시도하기로 마음먹을 수 있었다. 제니는 이렇게 말했다. "우리 자신의 대본을 쓰니까 로봇처럼 사는 것이 아니라 우리만의 결혼생활을 만들어가는 기분이 들어요."

연습문제 ❷

| 당신의 역할을 의식화하기 |

당신은 당신의 결혼에서 어떤 특정한 대본이 연출되기를 기대하는가? 당신과 배우자가 대본을 잘못 읽는다고 느낄 때가 있는가? 당신의 역할을 의식적으로 행하기 원한다면, 시간을 내어 워크북 연습 문제 '당신의 역할을 의식화하기'를 풀어보라. 연습 문제를 풀면서 각자의 역할을 명확히 알게 되어 당신 부부는 결혼에 대한 꿈을 깨뜨리는 연극을 하지 않게 될 것이다.

당신의 부부관계에 대한 기대는 당신의 결혼을 아름답게 만들기도 하고 무너뜨리기도 한다. 당신의 이상이 배우자의 이상과 어긋남으로 인해 결혼의 축복된 순간들을 망치지 않도록 하라. 둘 다 결혼에 대해 똑같은 기대를 가지고 임한다는 신화를 믿지 말라. 당신 부부가 서로의 다른 기대들을 솔직하게 의논할수록 서로 공감하고 당신 부부만의 독특한 결혼생활을 만들어갈 수 있음을 기억하라.

신화 ② 우리 관계에서 좋은 것은 더 좋아질 것이다

라디오에서 틀어주는 인기가요 40곡 정도만 들어 보면 누구라도, 흔하게 퍼져 있는 파괴적인 신화를 접하게 될 것이다. 즉 어떤 관계 속에서, 좋은 것은 점점 더 좋아지기만 할 것이라는 믿음이다. 사실을 말하자면, '모든' 것이 다 좋아지는 것은 아니다. 관계 속에서 많은 것들이 더 좋아진다는 것은 사실이나 어떤 것은 더 어려워진다. 모든 성공적인 결혼에는 불가피한 손실이 따른다. 그래서 결혼을 선택하면 당신은 어쩔 수 없이 슬픔의 과정을 통과하게 된다.

새로 시작하는 사람들에게는 결혼이 어린 시절을 포기하는 통과의례가 되기도 한다. 몰리(Molly)라는 이름의 23살 된 신부는 약혼 직후에 느꼈던 예상치 않은 상실감을 회상하였다. "우리의 결혼이 발표되자마자, 나는 어린 소녀와 같은 기분이 들었어요. 그날 밤 나는 아버지 어깨에 얼굴을 묻고 엉엉 울었어요. 나는 영원히 가족을 떠난다는, 말할 수 없이 슬픈 감정에 휩싸였어요. 나는 약혼자 데이비드(David)를 보면서 '나를 데리고 가는 이 사람은 누구인가' 하고 생각했답니다."

결혼은 아무 걱정 없이 편하게 사는 생활양식을 포기하고 새로운 한계와 새로운 관계를 맺는 것을 의미한다. 이는 예상치 않은 불편함을 의미한다.

마이크 메이슨(Mike Mason)은 그의 책 『결혼의 신비』(The Mystery of Marriage)에서 결혼을 거실 중앙을 통과해 자라나는 나무에 비유하였다. "결혼은 그저 거기에 있는 어떤 것이다. 그것은 거대한 나무이며 모든 것이 이를 중심으로 형성되었다. 그래서 사람은 어디를 가든지 간에 나무를 늘 염두에 두어야 한다. 나무를 가로질러 갈 수는 없다. 조심스럽게 돌아가야만 한다 … 나무는 아름답고, 특이하며, 이국적이다. 그러나 또한 사실대로 말해, 이는 때때로 거대한 불편함이다."[2]

결혼은 즐거움과 지루함이 교차되는 것으로 가득 차 있지만, 결혼에서 경험하는 가장 큰 손실은 당신이 배우자에 대하여 간직했던 이상적인 이미지이다. 이것은 우리의 결혼생활에서 겪는 가장 큰 두려움이었다. 우리 각자는 머릿속으로 상대방에 대한 멋진 그림을 그려놓고 있었다. 그러나 결국 결혼생활은 우리에게 현실을 정면으로 직시하고 우리가 이상적으로 생각했던 그 사람과 결혼한 것이 아니라는 사실을 받아들이도록 요구했다. 그것은 당신에게도 마찬가지일 것이다.

대부분의 관계들은 감정적인 밀월, 즉 깊고 정열적인 낭만의 시간으로 시작한다. 그러나 이 낭만은 한결같이 일시적이다. 스콧 펙(Scott Peck) 박사는 그의 책 『아직도 가야 할 길』(*The Road Less Traveled*)에서, "누구와 사랑에 빠지든, 그 관계가 어느 정도 지속되면 우리는 반드시 사랑에서 빠져나오게 되어 있다"고 말했다. 그의 말은 우리가 파트너 사랑하기를 중단한다는 것을 의미하는 것이 아니다. 그가 말하는 것은 사랑에 빠지는 경험을 특징짓는 환상적 사랑의 감정이 언젠가 지나가 버린다는 뜻이다. 그는 또 이렇게 말한다. "밀월은 언젠가 끝난다. 로맨스의 만발한 꽃은 언젠가는 시들게 마련이다."[3]

관계의 시초에 느끼는 로맨스가 영원히 계속되리라고 생각하는 것은 하나의 착각이다. 이 말을 이해하기는 어려울 것이다. 우리 역시 어려웠다. 그러나 영원한 로맨스의 신화를 버리는 것보다 당신의 결혼을 평생 행복하게 개선해 나가는 일에 도움이 되는 것은 없을 것이다.

핵심을 간단히 말하면 이렇다. 우리는 제각기, 결혼하려는 사람에 대하여 이상적인 형상(image)을 갖고 있다. 그 형상은 배우자가 자신의 최고의 모습을 보여주려는 열정적인 노력에 의해 심어진다.[4] 그러나 그것은 우리의 낭만적 환상이라는 옥토 속에서 뿌리를 내린다. 우리는 배우자의 가장 좋은 모습을 보기 원한다. 예를 들어, 우리는 그가 절대로 짜증을 내지 않으며 몸매관리를 잘할 것이라고 상상한다. 우리는 존경스러운 점을 찾아내어 주목하고 갖가지의 흠을 외면해 버린다. 우리는 상대를 실제보다 더 고상하고, 더 매력적이며, 더 지성적이고, 더 재능이 뛰어난 사람으로 본다. 그러나 이것은 오래가지 못한다.

엄연한 사실은 이 단계가 필연적으로 지나가 버린다는 것이다. 어떤 전문가는 낭만적 사랑의 반생($半生$)은 약 3개월이라고 믿고 있는데, 그 다음부터는 처음 시작했을 때에 느꼈던 낭만적 감정의 반밖에 느끼지 않는다는 것이다. 다른 사람들은 낭만적 사랑이 2-3년간 절정을 유지하다가 사그라지기 시작한다고 믿고 있다. 어느 이론이 맞든 간에, 당신이 확신해도 좋은 것은 낭만의 매혹이 결국은 시들기 시작한다는 것이다. 내가 말하고자 하는 것은 우리가 이미지라는 허상과 결혼했다가 나중에 진짜 인격을 발견하게 된다는 것이다.

많은 이혼소송을 다루는, 우리가 아는 한 변호사는 두 사람이 갈라서는 첫째 이유는 "그들이 한 인간과 결혼했다는 사실을 받아들이기 거부하는 것"이라고 말한 적이 있다.

어떤 결혼에서나, 당신의 배우자가 당신이 생각했던 완전한 사람이 아님을 깨닫는 순간, 피차에 대해 가졌던 희망은 환멸로 이어지게 마련이다. 그러나 다시 생각해 봐야 할 진실은 그는 완전한 사람일 수 없다는 것이다.

> 고상한 영혼에게 실망은 빨갛게 달아오른 쇳덩이에 냉수와 같은 것이다. 실망은 마치 강철 앞의 냉수와 같아서 강화하고, 균형을 잡아주고, 강도를 높여주지만 결코 영혼을 파괴하는 일이 없다.
>
> 엘리자 타보
> (Eliza Tabor)

어떤 인간도 이상적인 꿈을 실현시켜 줄 수는 없다. 실망은 불가피한 것이다. 그러나 실망의 어두운 구름 뒤에는 밝은 햇살이 있다. 일단 당신의 결혼이 계속되는 낭만의 원천이 아님을 깨달으면, 당신은 낭만적 감정의 순간들을 감사함으로 즐길 수 있다. 이는 매우 특별한 경험이 아닐 수 없다.

여기에 기쁜 소식이 있다. 환상에서 깨어나 현실을 직시하면 당신은 더 깊은 친밀감을 누릴 수 있다.

연습문제 ❸

| 당신의 배우자를 이상화하는 데서 현실화하기 |

일단 모든 사랑의 경험이 낭만이라는 황홀한 감정이 아니라는 사실을 받아들이고 배우자에게 기대했던 꿈을 버리면, 우리는 힘을 얻어 결혼의 참된 아름다움을 발견하게 된다. 워크북 연습문제 '당신의 배우자를 이상화하는 데서 현실화하기'는 당신이 그럴 수 있도록 도와줄 것이다.

신화 ③ 내 생활에서 나쁜 것은 모두 사라질 것이다

이 신화는 무수한 세대를 거치면서 우리에게 전승되었다. 이 신화의 매력은 『신데렐라』라는 동화 속에 구체적으로 나타나고 있다. 사악한 계모 밑에서 노예처럼 일하던 불쌍한 여주인공 신데렐라가 잘생기고 용감한 멋진 왕자를 만나 사랑에 빠지고, '그 후 행복하게 살았다'는 이야기이다.

신데렐라는 부엌 잿더미 속에서 편안함을 느끼도록 사회화되었는데 왕궁의 웅장함과 화려한 환경에서 어떻게 행동해야 할지를 모르는 것과는 전혀 상관이 없는 듯하다. 멋진 왕자가 신데렐라와 완전히 다른 문화에서 자라면서 교육과 취향과 예절을 배운 것은 어떠한가? 남편과 아내의 역할에 대해 서로 아는 바가 하나도 없다는 사실은 어떠한가? 그들 사이의 공통점은 유리구두 하나와 거기에 꼭 맞는 발뿐이다!

"물론 사랑은 그런 식으로 이루어지는 것이 아니다. 그것은 하나의 동화에 불과하다"라고 당신은 말할 것이다. 그 말은 사실이다. 그러나 마음속 깊은 곳에서, 우리는 잘못을 바로잡아 주고 나쁜 것은 모조리 사라지게 해줄 멋진 왕자나 신데렐라를 동경한다.

많은 사람들은 불쾌한 것을 회피하고 도피할 생각으로 결혼을 한다. 아무리 결혼이라는 제도가 훌륭하다 하더라도 내적인 영적 치유라는 어려운 일을 대신할 수는 없다. 결혼은 개인적 고통이나 외로움을 제거해 주지도 못한다. 왜 그런가? 사람들은 주로 자신의 행복을 더하기 위해 결혼하는 것이지, 배우자의 필요를 충족시

키기 위해 결혼하는 것이 아니기 때문이다. 당신이 결혼 전에 지녔던 나쁜 특성과 감정은 당신이 결혼식장을 나설 때 그대로 당신을 따라간다. 혼인신고는 마술적인 힘이 있는 유리구두가 아니다.

결혼이란 사실상 하나의 생활방식일 뿐이다. 결혼 전에 우리는 인생이 온통 태양빛과 장밋빛이라고 기대하지는 않는다. 그러나 우리는 결혼생활이 그럴 것이라고 기대하는 것 같다. 수많은 결혼한 부부를 상담하는 정신과 의사 존 레비(John Levy)는 이렇게 말한다. "모든 것에 실망한 사람들도 결혼 또한 예외가 아님이 입증될 때 놀라며 아파한다. 결혼에 대한 대부분의 불평은 결혼생활이 인생의 다른 영역보다 더 나빠서가 아니라, 그것과 비교할 수 없을 정도로 좋아지지 않았기 때문에 일어난다."[5]

결혼이 우리의 모든 아픔을 단숨에 치유해 줄 수는 없다. 그러나 결혼은 시간이 가면서 가장 강력한 치유 인자(因子)가 될 수 있다. 당신이 인내심이 있다면, 결혼은 가장 어려운 환난까지도 극복할 수 있도록 도움을 줄 수 있다.

콜로라도 주의 심리학자 세 명이 '로키 마운틴 뉴스'(지방신문 - 역자 주)에서 결혼상태조사를 시행했을 때, 그들은 "폭행당한 어린이나 알코올 중독자 자녀나 이혼한 부모의 자녀로서 상처깊은 어린 시절을 견뎌내고 좋은 결혼을 통해서 스스로 치유받은 사람들의 수가 많다"는 사실에 놀라움을 금치 못했다. 그 조사에 참여한 한 심리학자는 이렇게 설명했다. "좋은 결혼은 우리가 도저히 돌이킬 수 없는 손실이나 회생불능의 비극이라고 생각하는 것들을 극복해 낸다." 바꿔 말해, '결혼치유'(marriage therapy)에서 '치유로서의 결혼'(marriage as therapy)으로 초점의 대전환이 있었다. 우리 모두는 무의식적으로라도 상처를 치유하려는 희망을 갖고 결혼한다. 비록 외상(外傷)이 없다 하더라도 우리에게는 아직 상처가 있으며, 우리 속에 간직하고 있는 충족되지 않는 욕구가 있다. 우리는 모두 자기회의와 무가치감 그리고 부족감으로 인해 고통당한다. 아무리 우리 부모가 양육을 잘했더라도, 우리는 결코 충분한 돌봄과 사랑을 받지 못했다. 그래서 우리는 우리의 가치를 확신하고 연약함을 치유하기 위해 결혼생활 속에서 우리의 배우자에게 기대를 건다.[6]

목회심리치료사 하벨 헨드릭스(Harvell Hendrix)는 그의 책 『당신이 원하는 사랑을 얻어내기』(Getting the Love You Want)에서, 건전한 결혼은 어린 시절에 해결되지 않은 상처를 감싸주는 기회라고 설명하였다. 치유과정은 아직 해결되지 않은 어린 시절의 문제들을 드러내고 시인함으로써 점진적으로 시작된다. 치유는 배우자에게 우리를 사랑하도록 허용하고 우리가 배우자를 사랑하는 방법을 배우는 여러 해에 걸쳐 계속된다.

찰스(Charles) 황태자와 다이애나(Diana) 황태자비는 동화 속에서나 나올 법한 결혼생활을 꿈꾸었던 것 같다. 거의 소수의 사람들만이 결혼 후에 나타나게 될 고통스런 결과를 헤아릴 수 있었다. 그러나 로버트 런시(Robert Runcie) 캔터베리 대주교는 이를 예상했던 것 같다. 그는 결혼예식에서 놀라운 주례설교를 하였다. "여기 동화의 주인공인 결혼을 앞둔 왕자와 공주가 있습니다. 그러나 동화는 보통 이 시점에서 '그 후 행복하게 살았답니다'라는 간단한 말로 끝납니다. 동화에서는 결혼을 연애의 로맨스 뒤에 이어지는 종착지로 보기 때문입니다. 그러나 이것은 기독교적인 관점이 아닙니다. 우리의 믿음은 결혼식을 종착점이 아닌 모험이 시작되는 시기로 보는 것이기 때문입니다."

왕가를 대표하는 부부가 런시 주교의 메시지대로 살지 않은 것은 참으로 유감스럽다. 우리 또한 실제적인 모험으로서 결혼생활을 해나갈 수 있는데 신화나 동화에 안주하려는 게 아쉽다.

연습문제 ❹

| 아직 해결되지 않은 문제 탐색하기 |

결혼은 모든 문제에 대한 만병통치약이 아니다. 그러나 결혼은 시간을 투자하면 치유 인자(因子)로서 심리적이고 영적인 성장을 가져올 수 있다. 워크북 연습문제 '아직 해결되지 않은 문제 탐색하기'는 당신이 치유여행을 떠날 수 있도록 도와줄 것이다.

신화 ④ 내 배우자는 나의 부족한 면을 온전하게 채워줄 것이다

"반대는 서로 끌린다"는 옛 속담은, 자신의 부족한 점을 보완해 주는 사람들에게 끌리게 마련인 현상에 근거한다. 사람은 자기가 못하는 것을 잘하는 사람에게, 어떤 면에서는 자기를 완전케 해주는 사람에게 끌린다.

잠언은 "철이 철을 날카롭게 하는 것같이 사람이 그 친구의 얼굴을 빛나게 하느니라"고 말씀한다. 우리의 불완전함과 차이는 서로를 날카롭게 하고 단단하게 만들어준다. 결혼은 우리의 존재를 향상시키고 다듬는 하나님의 방법이다. 결혼은 우리를 자극하여 더 높이 도전하게 하며, 가능한 한 최고가 되라고 요청한다. 그러나 결혼도, 우리의 배우자도 신비한 방법으로 우리를 온전하게 만들어 주지는 않는다.

이 신화는 보통 성공적인 부부는 '서로를 위하여 만들어졌고 서로를 위해 계획되었다'는 믿음으로 시작한다. 우리는 결혼생활을 하면서 어려움을 겪게 되었을 때, 사람을 잘못 선택했다고 느끼는 수많은 사람들을 상담했다. 만일 이들이 딱 맞는 남자나 여자를 선택했다면, 모든 것은 순탄하게 풀렸을 것이다. 말도 안되는 소리이다! 성공적인 결혼은 이 지구상에 사는 40억이 넘는 인구 중에서 당신에게 맞는 한 사람을 발견하는 데 달려 있다고 믿는 것은 우스꽝스러운 일이다. 그렇다고 해서, "나에게 꼭 맞

> 결혼의 성공 여부는 '맞는 사람'을 발견하는 데 있지 않고, 자기가 결혼한 사람에게 적응할 수 있는 능력에 달려 있다.
>
> 존 피셔
> (John Fisher)

는 사람은 단 한 사람만이 아니다"라는 사실이 당신이 장래 배우자를 조심스럽게 고르지 않아도 된다는 말은 아니다. 당신이 이미 결혼을 했는데 배우자가 당신을 즉각 온전하게 만들어 주지 않아 불평하고 있다면, 그것은 곧 당신이 사람을 잘못 만났다는 것을 의미하는 것은 아니다.

배우자가 자기를 온전하게 만들어 줄 거라는 신화를 믿는 부부들은 여러모로 온전치 않은 방식으로 배우자에게 의지하게 된다. 이 부부들은 이른바 전문가들이 '속박된 관계'라고 부르는 관계를 개발한다. 전반적으로 배우자에게 계속적인 지원과 확신과 온전함을 기대하고 의지하는 관계이다. 이 관계는 낮은 자존감과 열등감이 특징인데, 이 감정은 배우자에 의해 쉽게 조절된다.

의존적인 배우자는 개인의 성장을 원하는 것이 아니라 행복을 갈구한다. 그들은 관계를 개발하는 데 관심이 있는 것이 아니라 배우자에 의해 양육받는 데 더 관심을 가진다. 그들은 단순히 결혼만 하면 아무런 노력을 기울이지 않아도 온전해질 것이라는 거짓말을 믿는다.

속박된 결혼의 반대는 냉정한 자기 신뢰의 관계로 흔히 '이탈된 관계'라고 부른다. 이 말은 자신의 온전함을 아무에게도, 심지어 배우자에게도 의존하지 않고 성취하려는 배우자들의 고립과 독립을 반영한다. 이들 역시 자신의 열등감을 보상하려고 헛되이 노력하고 있다.

온전함 또는 건강함은 속박된 관계나 이탈된 관계에서는 결코 성취될 수 없는 것이다. 이런 관계들은 심각한 결함이 있고 위험하다. 오히려 온전함은 상호 의존적인 관계에서 발견될 수 있는 것이다. 자존심과 존엄성을 지닌 두 사람이 상대방은 물론 자신의 영적 성장을 강화할 목적으로 피차 헌신하는 관계이다.

이 관계들은 A모양 관계(의존 관계), H모양 관계(독립 관계), M모양 관계(상호의존 관계)로도 알려져 있다.[8]

A   H   M

A모양 관계들은 대문자 A로 상징된다. 파트너들은 강한 부부 정체감을 가지고 있지만 개인적인 자존감은 별로 없다. 이들은 자신을 개별적 인격으로 생각하지 않고 하나의 뭉쳐진 단위로 생각한다. A글자에서 좌우의 긴 선과 같이, 그들은 서로 의지한다. 그렇게 의지하고 있기 때문에 한 쪽이 손을 놓으면 상대는 쓰러지게 되어 있다. 어느 한 쪽이 자신의 의존욕구를 지나치게 채우려 할 때 바로 그런 일이 일어나게 된다.

H모양 관계들은 대문자 H와 같은 구조를 가지고 있다. 파트너들은 스스로 충족된 가운데 사실상 혼자 서 있다. 서로에게 거의 영향을 받지 않는다. 부부 정체감은 거의 없고 정서적인 연결도 별로 없다. 한 사람이 손을 놓아도 상대방은 거의 아무것도 느끼지 못한다.

M모양 관계들은 상호의존의 바탕 위에 서 있다. 각 파트너는

높은 자존감을 지니고 있으며 배우자가 성장할 수 있도록 돕는다. 그들은 각기 혼자 설 수 있는 사람들이지만 함께하기로 선택한다. 이 관계는 서로 영향을 미치고 정서적 지원을 아끼지 않는다. M모양 관계는 의미 있는 부부 정체감을 나타낸다. 한 사람이 손을 놓으면 상대방은 즉각 손실을 느끼지만 균형을 회복한다.

같은 음악에 공명하는 현악기의 여러 독립된 현처럼, 파트너의 개성을 존중하는 결혼에는 아름다움이 있다. 상호의존적인 결혼에서는 기쁨이 배가되고 슬픔은 반감된다.

> **연습문제 ❺**
>
> | 당신의 자아상을 점검하기 |
>
> 루이스 앤스패처(Louis K. Anspacher)는 "결혼은 대등한 독립심과 상호간의 의존심, 피차간의 의무감에 의해 유지되는 남자와 여자의 관계"라고 말한 적이 있다. 워크북 연습문제 '당신의 자아상을 점검하기'는 당신이 상호의존적이며 보람 있는 관계를 지켜 나갈 수 있도록 도와줄 것이다.

결혼에 얽힌 신화에 대한 마지막 한마디

이 장의 목표 네 가지는 흔하면서도 해로운 결혼 신화를 깨뜨리도록 당신을 돕는 것이다. 첫째, 우리는 결혼에서 똑같은 것을 기대한다. 둘째, 우리 관계에서 좋은 것은 더 좋아질 것이다. 셋째, 내 생활에서 나쁜 것은 모두 사라질 것이다. 넷째, 내 배우자는 나의 부족한 면을 온전하게 채워줄 것이다. 당신이 이런 신화를 기대하여 낙심하게 되었다면, 마음을 담대히 하고 용기를 내라. 사람은 누구나 어느 정도

> 혼인서약은, 다른 계약들과 마찬가지로, 천천히 성숙한다.
> 피터 드 브리스
> (Peter De Vries)

는 이런 거짓말을 믿고 결혼생활을 시작한다. 그리고 모든 성공적인 결혼은 이런 신화에 도전하고 무너뜨리기 위하여 인내심을 가지고 노력한다.

성경시대에는 '신랑과 신부'의 특별한 지위가 일년 동안 지속되었다. "사람이 새로이 아내를 취하였거든 그를 군대로 내어 보내지 말 것이요 무슨 직무든지 그에게 맡기지 말 것이며 그는 일년 동안 집에 한가히 거하여 그 취한 아내를 즐겁게 할지니라."[9] 결혼의 시작은 배움과 적응의 시간이었다. 지금도 마찬가지이다. 그러므로 당신 자신에게도 똑같은 즐거움을 허용하라.

묵상을 위하여

- 당신의 파트너와 함께할 생활에 대하여 가지고 있는 기대들을 나누라. 당신은 어떤 말로 드러내지 않은 가치와 기대들을 두 사람의 관계에 가지고 왔는가? 그것이 어떤 방식으로 당신의 결혼에 영향을 미치겠는가?

- 당신은 결혼하기 위하여 세 가지 어떤 중요한 것을 포기했는가, 아니면 앞으로 포기해야 하는가? 포기했다면, 당신은 그것으로 인해 슬퍼하며 애통하는 과정을 거쳤는가? 그 대신 당신이 얻은 유익은 무엇인가?

- 데이트 중인 커플들은 어떻게 가면을 쓰게 되는가? 의식적이든 무의식적이든, 당신은 상대방에게 긍정적인 인상을 심기 위해 무엇을 했는가? 언제부터 실망하게 되었는가?

- 당신의 배우자를 사랑하는 일에 있어서 '당신 자신을 사랑하는 것'은 얼마나 중요한가? 이 둘 사이에는 어떤 상관관계가 있는가?

- 결혼은 치유인자가 될 수 있다는 말을 어떻게 생각하는가? 당신은 삶의 어떤 영역에서 치유를 필요로 하는가? 당신의 배우자가 그 영역에서 어떻게 도와줄 수 있는가?

- 어떤 지점에서 의존 관계가 건전하지 않은 요인이 되는가? 독립 관계에 대하여 어떻게 생각하는가? 당신이 결혼생활에서 상호의존 관계를 경험하고 있는지 어떻게 알 수 있는가?

> 사랑은 배워야한다 끊임없이 배워야 한다
> 사랑을 배우는 데는 끝이 없다
>
> 캐서린 앤 포터(Katherine Anne Porter)

두번째 질문
당신은 당신의 사랑 스타일을 아는가?

"무엇이 좋은 결혼을 만드는가?"라는 질문을 했을 때, 응답자의 약 90%가 '사랑'이라고 답했다. 그러나 1,000명이 넘는 대학생들에게 사랑의 기본 요소를 물었을 때, 응답자의 반 이상이 단 한 가지도 언급하지 않았다. 다시 말해서, 우리는 무엇이 사랑인지에 대하여 동의하지 못하고 있다. 더 정확하게 말해, 우리는 사랑이 무엇인지를 모르고 있다. 설문 과정에서 한 학생이 다음과 같이 응답했다. "사랑은 번개와 같은 것이다. 당신은 그것이 무엇인지는 알지 못할 수도 있으나 번개를 맞았다는 사실은 분명히 알 수 있다."

500년 전에 초서(Chaucer)는 '사랑은 장님'이라고 했다. 그의 말이 옳았는지도 모른다. 그러나 이제는 눈가리개를 벗겨내고 사랑을 정면으로 들여다볼 때가 되었다. 이 장에서 우리는 세 가지 중요한 질문을 던진다. 첫째, 사랑이란 무엇인가? 둘째, 사람은 어떻게 사랑을 주고받는가? 셋째, 어떻게 사랑이 평생 지속되게 만들 수 있는가? 먼저 우리는 사랑을 해부하여 그 구성요소를 살펴봄으로써 이 질문에 답하려고 한다. 또한 각기 다른 독특한 사랑 스타일을 살펴볼 것이다. 그리고 사랑을 유지하기 위해 거쳐야 할 사랑의 단계를 살펴본 후에, 사랑을 평생토록 유지하기 위한 몇 가지 실제적인 조언을 할 것이다.

사랑의 해부

셰익스피어(Shakespeare)는 『12야』(*Twelfth Night*)에서 "사랑이란 무엇인가?"라고 물었다. 이 질문은 오랫동안 계속되어 오고 있지만, 아직도 명쾌한 대답은 제시되지 않고 있다. 윌리엄 블레이크(William Blake)의 시에서 "사랑은 오직 자신만을 즐겁게 하려 할 뿐이다"라고 언급된 것처럼, 사랑은 과연 '자기를 추구하는 욕망'(self-seeking desire)인가? 아니면 사도 바울의 말처럼 '자기 희생적인 자세'인가? 사랑은 "모든 것을 참으며 모든 것을 믿으며 모든 것을 바라며 모든 것을 견디느니라"(고전 13:7).

사랑이 무엇이든 간에 그것을 꼭 집어 말하는 것은 쉽지 않다.

사랑에는 반대되는 요소들이 혼합되어 있기 때문이다. 사랑은 애정과 분노, 흥분과 권태, 안정과 변화, 구속과 자유를 포함하고 있다. 사랑의 궁극적 모순은 둘이 하나가 되는데도 불구하고 그대로 둘로 남아 있는 것이다.

이런 특징 때문에 어떤 부부들은 자신이 과연 배우자를 사랑하고 있는지를 의심한다. 우리는 매년, 약혼한 커플과 결혼한 부부들이 이러한 곤경에 빠져 있는 경우들을 접한다. 그 좋은 예가 스코트(Scott)와 코트니(Courtney)의 경우이다. 결혼식을 3개월 앞두고, 스코트는 자기의 사랑을 확신할 수 없어 약혼을 파기하였다. 큐피드의 화살이 그 힘을 상실한 것처럼 보였고 결국 스코트는 관계를 끝내자고 했다.

"나는 코트니에게 강한 애정을 느끼고 있습니다." 스코트가 털어놓았다. "그러나 내가 그녀를 사랑한 적이 있는지에 대해서는 확신이 없습니다. 사랑이 무엇인지도 잘 모르겠습니다." 스코트는 평생 동안 사랑의 확신이 없어 방황하는 수많은 젊은이들처럼 불확실하고 혼돈스러웠다. "이것이 진정한 사랑인지 일시적인 감정인지 어떻게 알 수 있습니까?" 하고 그는 물었다.

또 하나의 예로, 제니퍼(Jennifer)는 마이클(Michael)에 대한 자신의 사랑에 확신이 없었다. 그들은 결혼한 지 거의 10년이 되었을 때, 사랑의 황홀함이 모두 사라진 것처럼 느껴졌기 때문이다. 그들은 결혼 후에도 아내는 회계사로, 남편은 사회사업가로 각자의 직업을 가졌다. 이 부부는 '안정될 때'까지 자녀를 갖는 것을 뒤로 미루었다. 그런데 생활이 안정된 지금 제니퍼는 자신의 사랑이 자리를 잡았는지 의심스러웠다.

"내가 마이클을 사랑하는지도 잘 모르겠는데 어떻게 아기를 가질 수 있겠습니까?" 하고 제니퍼는 물었다. 그리고 나서 잠시 생각하더니 다시 말을 이었다. "나는 마이클과 가장 가깝습니다. 그러나 우리는 연인이라기보다는 친구라는 기분이 듭니다. 우리는 아직 사랑하고 있는 것입니까, 아닙니까?"

스코트는 결혼을 앞두고, 제니퍼는 결혼생활 10년을 넘기면서, 사랑이 그들의 손가락 사이로 빠져나갔는지, 아니면 애초부터 진정 사랑한 적이 없었는지를 걱정하고 있다. 두 커플 다 같은 질문을 가지고 씨름하고 있는 것이다. 사랑이란 무엇인가?

연습문제 ❻

| 사랑을 정의하기 |

우리는 한번도 이를 분명히 말한 적이 없지만, 나름대로 사랑에 대한 정의를 내리고 있다. 워크북 연습문제 '사랑을 정의하기'는 당신과 배우자가 "당신을 사랑해요"라고 말할 때 각자가 뜻하는 것이 무엇인지를 분명히 알 수 있도록 도와줄 것이다.

몇 년 전만 해도 이 질문에 대답하는 것은 훨씬 더 어려웠다. 대부분 인류 역사를 보면 사랑은 시인, 철학자, 현인의 영역이었다. 사회과학자들은 사랑과는 무관했다. 사랑은 과학적 연구를 하기에는 너무나 신비스럽고 이해하기 어렵기 때문이다.[2]

다행히도 사랑 연구는 최근 들어 더 관심사가 되었고 더 이상 금기시되지 않는다. 오늘날 사랑에 대한 수백 가지의 연구와 논문들이 매년 발표되고 있다. 그리고 이 과학적인 연구에서 거둘 수 있는 수확이 적지 않다.

예일 대학교 심리학자인 로버트 스턴버그(Robert Sternberg)가 이 새로운 연구에 선구자 역할을 했다. 그는 사랑에 대한 '삼각형 모델'을 개발해 냈는데, 지금까지 나온 것 중에서 사랑에 대한 가장 종합적인 이론으로 평가되고 있다.[3] 그 모델을 보면, 사랑은 삼각형과 같아서 열정, 친밀감, 헌신이라는 세 가지 면이 있다.

열정

삼각형에서 '동기부여적' 측면은 열정으로서, 이는 우리에게 연애감정을 부추기는 감각이다. 열정은 생리적 자극과 신체적 친밀감에 대한 강렬한 욕구가 두드러지고, 육감적이며 성적인 것이다. 예를 들어, 아가서는 열정으로 가득한 시에서 남자와 여자 사이의 육체적 사랑을 축하하고 있다. "내게 입맞추기를 원하니 네 사랑이 포도주보다 나음이로구나."[4]

그러나 열정은 집착에 가까운 황홀한 매혹을 증가시키면서 소유혹을 유발할 수 있다. 이는 두 사람을 서로에게 완전히 몰두하게 만드는 극단적인 지경까지 몰아갈 수 있는데, 최악의 경우에는 도저히 떼어놓을 수 없는 상황에까지 이를 수 있다. 이 단계에서는 다른 관계들이 고려되지 않는다.

스턴버그(Sternberg)는 처음에 두 사람은 육체적 매력에 빨리 빠져들어가지만, 얼마 후에는 사랑이라는 보다 완전한 그림 속에 열정의 황홀함을 통합시킨다고 설명한다. 순수한 열정은 친밀감과 연결되기 전까지는 자기를 추구한다.

친밀감

사랑의 삼각형에서 '정서적' 측면이 친밀감이다. 친밀감이 없는 사랑은 단지 호르몬적인 착각에 불과하다. 상대방을 진정으로 알지 못하고서는 장기적으로 그 사람을 열망할 수 없기 때문이다.

친밀감은 '가장 좋은 친구'나 '영혼의 동반자'에게서 나타나는 특징이다. 우리는 자신을 누구보다 잘 알면서도 우리를 받아주는 사람을 원한다. 그리고 우리는 우리를 억누르지 않는 사람, 즉 개인적 비밀을 지닌 우리를 신뢰할 수 있는 사람을 원한다. 친밀감은 가까움과 용납에 대한 우리 마음의 깊은 동경심(갈증)을 채워준다.

성공적으로 친밀한 관계를 맺어 본 사람은 그 힘과 위로를 안다. 그러나 그들은 친밀해지게 하는 정서적 모험을 시도하는 것이 쉽지 않다는 것도 안다. 친밀감은 조심스레 키워나가지 않으면 시들어 버린다. 『평생의 반려자를 선택하는 열 가지 방법』(*Finding the Love of Your Life*, 요단출판사)에서, 닐 클락 워렌(Neil Clark Warren)은 친밀감의 결여를 결혼의 첫번째 적으로 꼽고 있다. 그는 계속해서 두 사람이 서로를 깊이있게 알지 못한다면 그들은 긴밀한 유대관계를 형성하지 못하며, 성경에서 말하는 '한 몸'이 될 수 없다고 말하고 있다. 그는 또 다음과 같이 말한다. "친밀감이 없다면 한 지붕 아래에서 산다 하더라도 고립되고 외로울 수밖에 없다."[5]

사랑의 성취는 가까움, 나눔, 의사소통, 솔직함, 지원에 따라 결정된다. 마음을 서로 나눌 때, 결혼은 가장 깊이있고 근본적인 친밀감을 표현할 기회를 제공한다.

헌신

사랑의 삼각형에서 '인지적'이고 의지적인 측면이 헌신이다. 헌신은 볼 수 없는 미래를 바라보며 죽을 때까지 함께하겠다고 약속한다. 철학자 한나 아렌트(Hannah Arendt)는 다음과 같이 말한다. "우리의 약속을 지키겠다는 언약에 매이지 않는다면, 우리는 각자 고독한 마음의 어두움 속에서 방황할 수밖에 없을 것이다."

헌신은 불확실함이라는 굽이치는 물길 속에 확실함이라는 조그만 섬을 창조한다. 헌신은 열정의 불이 꺼져 가고, 혼란스런 시대와 강렬한 충동이 우리를 사로잡을 때에 우리의 파트너에 대한 사랑을 확고히 하는 닻의 역할을 감당한다.

헌신은 이렇게 말하는 것이다. "내가 당신을 사랑하는 것은 당신이 하는 행동이나 나의 기분 때문이 아니라, 당신이 당신이기 때문입니다." 스위스의 상담학자 폴 투르니에(Paul Tournier)는 결혼서약을 일종의 선물로 표현한다. "결혼서약은 완전하고, 결정적이고, 무조건적이고, 개인적이며, 변할 수 없는 약속이다."[6] 사랑의 지속됨과 결혼의 건강 여부는 주로 헌신의 정도에 달려 있다.

열정과 친밀감과 헌신은 사랑의 요리법에서 각각 뜨겁고, 따뜻하고, 차가운 재료들이다. 그리고 이 재료는 친밀감과 열정과 헌신의 수준이 수시로 바뀌고 사람에 따라 다르기 때문에 일정하지 않다. 당신은 사랑의 세 요소가 증감함에 따라 삼각형의 크기와 모양이 어떻게 바뀌는가를 고려함으로써 사랑의 유동성을 상상할 수 있을 것이다. 삼각형의 면적은 사랑의 정도를 나타낸다. 많은 친밀감과 열정과 헌신은 커다란 삼각형을 만든다. 삼각형이 크면 클수록 사랑이 키진다.

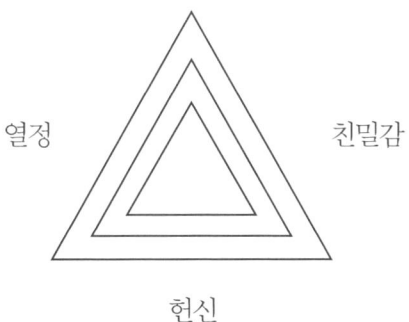

우리는 스턴버그의 도움으로 사랑이 무엇인지를 더 잘 이해하게 되었다. 그러나 아직 중요한 질문 하나가 남아 있다. 사랑은 어떻게 주고 받는 것인가? 이 질문에 답하기 위해 우리는 먼저 사랑 스타일을 연구하고, 사랑의 단계를 살펴보자.

사랑 스타일

우리는 종종 자신이 사랑이라고 믿는 것에 대해 상대방도 똑같이 믿으리라고 추측한다. 즉 나에게 의미하는 사랑이나 상대방에게 의미하는 사랑이 같다고 추측한다. 그러나 사실은 두 사람이 "나는 당신을 사랑해요"라고 말할 때 같은 뜻으로 말하는 경우가 거의 없다. 결혼상담을 하다 보면 "나는 그이를 더 이상 사랑하지 않아요" 또는 "나는 부부로서 그를 사랑하지만 더이상 사랑에 빠져 있지는 않아요"처럼 때로는 서글프고, 때로는 절망적인 소리를 자주 듣는다. 이 말의 의미는 사람이 사랑의 관계에서 원하는 바가 사라지고 있거나 변해 간다는 뜻이다.

> 사람의 머릿수만큼이나 생각도 많다. 마찬가지로 마음만큼이나 사랑의 종류도 다양하다.
> 톨스토이 (Tolstoy)

존(John)과 모니카(monica)를 생각해 보자. 이들은 결혼한 지 15개월 만에 우리를 찾아와 상담을 요청했다. 긴장감이 감도는 첫번째 면담시간에, 그들은 서로 사랑이 '식어 버렸다'고 불평하였다.

"당신은 나를 사랑한다는 말을 거의 하지 않잖아요"라고 모니카가 말했다. 그녀는 금방이라도 쏟아질 듯한 눈물을 참으면서 남편을 쳐다보았다.

"물론 당신을 사랑해요. 그렇지만 사랑한다는 말을 꼭 해야 되는 것은 아니잖아요. 대신 나는 당신을 위해 행동으로 표현하잖아요. 나의 행동은 말보다 더 강력한 사랑의 표현이라고요." 존이 대답했다.

모니카와 존은 사랑이 식어 버린 것인가? 아니다. 그들의 사랑 스타일이 불협화음을 내면서 참기 어려운 긴장을 일으키고 있는 것이다. 존처럼 배우자를 사랑하는데 그 배우자는 사랑을 못 받고 있다고 느끼는 경우는 흔하다. 그러나 사랑이 식은 것도, 시들은 것도 아니다. 다만 서로 다른 사랑 스타일을 취함으로써 상대방의 필요를 충족시키지 못하기 때문이다.

존과 모니카와의 상담횟수가 계속되면서 우리는 존이 모니카를 위해 하고 있다는 '사랑의 행동'을 알게 되었다. 그것은 월급봉투를 가져다 주고, 고장난 가전제품을 고쳐주고, 싸움을 피하는 것이었다.

"이런 일들은 좋은 남편이라면 일상적으로 하는 거잖아요. 그것은 내가 사랑이라고 부르는 것과는 아무 상관이 없어요"라고 모니카가 말했다. 모니카는 사랑을 아껴주는 것, 선물을 하고 신체적 접촉을 하는 것, 부드러운 말과 같은 맥락에서 정의하고 있었다. 모니카의 생각은 남편을 불편하게 만드는 것이었다. 어느 것 하나 존이 생각하는 참된 사랑의 개념과는 맞지 않기 때문이었다.

존의 말에 의하면, 아내 모니카가 원하는 것은 사랑 중에서 '간지러운 짓'에 해당하는 것이었다.

두 사람은 자신의 사랑 스타일이 곧 배우자가 사랑받기를 원하는 스타일이라고 여겼다. 그래서 바로 그것 때문에 둘은 사랑받지 못한다고 느끼고 있었다. 둘 다 상대방의 사랑 스타일에 대해서는 의식하지 못하고 있었다.

엘리자베스 바렛 브라우닝(Elizabeth Barrett Browning)이 그녀의 유명한 시에서 "나는 어떻게 그대를 사랑하지?" 하고 물었을 때, 그녀는 이 질문에 대한 대답이 언젠가 과학적인 정확도를 가지고 응답되리라고는 상상도 못했을 것이다.[7] 그러나 지금 로버트 스턴버그와 같은 사회과학자들이 바로 그것을 시도하고 있다. 그의 삼각형 모델은 사랑의 구성요소를 밝혀줄 뿐 아니라 존과 같은 부부들이 사랑을 주고 받는 방식이 어떻게 다른가를 설명해 주기도 한다.

> 나는 내 영혼이 미치는 깊이와 넓이와 높이만큼 그대를 사랑하오.
> — 엘리자베스 바렛 브라우닝 (Elizabeth Barrett Browning)

스턴버그의 삼각형은 열정과 친밀감과 헌신이 변화하는 정도에 따라 그 모양이 달라진다. 그에 의하면 세 변이 동일한 정삼각형은 사랑의 절정을 나타낸다. 세 요소가 균등하게 분배되어 있는 완전한 사랑이다. 그러나 삼각형의 한 변이 다른 변보다 길어질 때 새로운 종류의 균형을 잃은 사랑 스타일이 나타나게 된다. 즉 낭만적 사랑, 어리석은 사랑, 동료애적 사랑이 그것이다.

'낭만적 사랑'은 친밀감과 열정의 조화로 이루어진 사랑이다. 이 사랑은 서로를 깊이 살피는 마음과 육체적 매력이 혼합된 경우이다. 그러나 헌신은 그리 큰 역할을 하지 못한다.

열정 친밀감

'어리석은 사랑'은 열정과 헌신이 어우러진 사랑이다. 그러나 이 사랑은 친밀감이 결여되어 있다. 헌신이 친밀감이라는 안정적인 요소가 없이 열정에만 근거한다는 면에서 볼 때, 이는 어리석은 것이다.

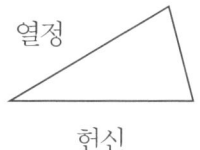

열정

헌신

'동료애적 사랑'은 열정은 뒤로 하고 친밀감과 헌신이 조화된 사랑이다. 이는 본질적으로 장기적이고 헌신된 우정이다. 이 사랑은 결혼생활에서 서로가 서로를 아는 안정감보다 육체적 매력이 덜 중요할 때 일어난다.

낭만적 사랑, 어리석은 사랑, 동료애적 사랑 중 어느 한 스타일에만 기반을 두는 경우에 때때로 불행한 결혼이 생겨난다. 그러나 성공적인 결혼은 앞에서 언급한 세 가지 형태의 사랑 스타일이 순간적으로 두드러질 때에도 그 이상을 요구한다.

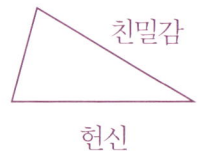

'완숙한 사랑'은 사랑의 세 가지 구성요소, 열정과 친밀감과 헌신이 온전히 어우러진 데서 나온다. 완숙한 사랑은 모든 결혼이 추구하는 목표이며, 대부분의 결혼이 적어도 한동안은 성취하는 사랑이다. 그러나 완숙한 사랑을 유지하지 못하는 데서 많은 결혼이 삐걱거리고 넘어지는 것이다. 완숙한 사랑을 성취하는 것은 몸무게 감량 계획에서 당신의 목표를 충족시키는 것과 흡사하다. 목표를 달성하는 것은 그 달성한 목표를 유지하는 것보다 더 쉽다. 완숙한 사랑을 성취했다고 해서 그 사랑이 영원히 계속되지는 않는다. 절대로 그렇지 않다.

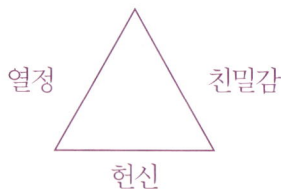

결혼한 커플들은 단번에 완숙한 사랑에 도달해 정착하는 것이 아니다. 사랑의 스타일은 변하기 때문이다. 때로, 한 배우자에게 어떤 요소가 더 부각되면서 상대방의 스타일과 조화가 되지 않는 사랑 스타일이 나타날 수 있다. 존과 모니카의 경우를 보더라도, 모니카가 낭만적 사랑을 원할 때 존은 그들의 관계에서 동료애적 사랑에 가치를 두었다. 남편 존은 더 깊은 유대감과 확신을 필요로 하고 있었던 데 반해 아내는 신체적 접촉을 더 원하고 있었다. 그들은 서로 친밀감 욕구는 충족시켰지만 열정과 헌신은 그 기준에 못미치고 있었다. 잠시 그들은 사랑 스타일에 혼선을 겪고 있었던 것이다.

이 장 처음으로 돌아가서, 우리는 스코트와 코트니의 문제를 이해할 수 있다. 스코트는 낭만적인 사랑 스타일에 빠져 있었기 때문에 평생 헌신하는 것에 대해 확신이 서지 않아 코트니와의 약혼을 파혼하였다. 친밀감과 열정은 생생하게 살아 있었지만, 스코트는 일시적으로 스쳐 지나가는 것이 아닐까 하는 생각에 두려웠던 것이나. 고통스런 상담과정을 거치면서, 두 사람은 파혼하지 않기로 결정하였다. 약혼상태는 유지하되 대신 결혼을 연기하기로 마음먹었다. 4개월 후 스코트가 그의 사랑 스타일에 헌신의 요소를 받아들일 시간을 가진 후, 그들은 결혼날짜를 다시 잡아 그 해 늦게 결혼식을 올렸다.

10년이나 결혼생활을 했던 제니퍼와 마이클도 서로의 사랑 스타일이 맞지 않아 힘들어했다. 마이클의 사랑은 열정, 친밀감, 헌

> 우리는 인생과 사랑과 관계의 밀물과 썰물에 대한 믿음이 너무나 적다.
> 앤 머로우 린드버그
> (Anne Morrow Lindbergh)

신이 뒷받침된 견고한 것이었다. 그러나 제니퍼는 그 열정적 느낌을 상실하였다. 그녀의 동료애적 사랑 스타일은 마이클에 대한 진정한 사랑을 의심하게 만들었다. 그래서 아이 갖는 것이 지혜로운 일인가를 의심하는 지경에 이르렀다. 오랫동안 갖지 못했던 남편과 낭만적 외출을 하고, 열정을 증대시키기 위해 의도적인 행동을 시도한 후에, 제니퍼는 남편의 사랑 스타일과 조화를 되찾을 수 있었다.

이런 것이 사랑의 춤이다. 날마다 우리는 우리의 관계에서 발을 조금 내디뎠다가 넘어지기도 하며 상대의 발을 밟기도 한다. 그렇다고 두 사람이 느꼈던 같은 열정과 친밀감과 헌신을 경험하는 은혜스러운 순간들이 줄어드는 것은 아니다.

앤 머로우 린드버그(Anne Morrow Lindbergh)는 『바다로부터의 선물』(*Gift from the Sea*)에서 다음과 같이 기록하고 있다.

> 당신이 누구를 사랑할 때 그들을 항상 똑같은 방법으로, 매 순간을 사랑하는 것은 아니다. 그것은 불가능한 일이다. 그렇게 할 수 있는 것처럼 행동하는 것은 거짓이다. 그런데도 우리들 대부분은 이것을 요구한다. 우리는 인생과 사랑과 관계의 밀물과 썰물에 대한 믿음이 너무나 적다. 우리는 파도의 밀물에 춤을 추며 두려워서 썰물에 저항한다. 우리는 그 물이 다시는 돌아오지 않을까 봐 두려워한다. 우리는 항상성과 끈기와 연속성을 요구한다. 그러나 사랑에서와같이 인생에서도, 연속성이란 성장과 유동성(자유) 안에서만 유일하게 가능하다.

사랑의 단계

사랑에 빠져 하루종일 사랑에 대한 생각으로 가득 차 있는 사람 중에, 파트너와 걸음 속도가 맞지 않으리라고 생각할 사람이 누가 있겠으며, 그들이 경험하고 있는 감정이 사라지게 되리라고 믿을 사람이 누가 있겠는가? 어느 누구도 그들의 사랑의 불꽃이 시간이 지나면 사그라질 거라는 말을 듣고 싶어하지 않는다. 그러나 어떤 의미에서, 사랑의 불꽃은 반드시 시들게 마련이다. 결혼을 시작하게 하는 열정적인 사랑은 결혼을 유지시켜 주지 못한다. 참 사랑을 열정과 동일시하는 신혼부부는 실망하게 되어 있다.

당신이 지금 파트너에 대해서 가지고 있는 사랑은 여러 가지 변화를 겪게 될 것이며 함께하는 일생 동안 여러 다른 형태로 변모하게 될 것이다. 이 사실을 받아들이는 것이 당신의 사랑을 살리는 데 도움이 될 것이며, 결혼이 시작되기 전에 결혼을 유지시키는 역할을 할 것이다. 그러나 더욱 중요한 것은, 사랑이 여러 모습으로 변화할 수 있다는 특징을 받아들이게 되면 긴장을 풀고 사랑의 다양한 모습을 즐길 수 있게 된다는 것이다. 시간이 지남에 따라 사랑의 다양한 형태가 당신의 관계를 더 견고하고, 더 깊게 심화시켜 줄 것이다.

> 젊은 사랑은 불꽃이다. 너무 예쁘고 뜨겁지만 촛불처럼 깜박일 뿐이다. 나이 들어 연단된 사랑은 깊이 있게 타면서 끄기 어려운 석탄과도 같다.
>
> 헨리 워드 비처
> (Henry Ward Beecher)

모든 결혼은 부부의 기질과 성격을 테스트하는 '압력지점'을 만나게 된다. 서로 적응하고, 새로운 직장생활을 시작하고, 첫 아이에 이어 아이들이 또 태어나고, 아이들이 학교에 가고, 독립해서 자기 길을 가고, 중병을 앓기도 하고, 은퇴를 하는 등 부부관계를 시험하는 일들이 이어진다. 이러한 이정표들은 가장 행복한 결혼에도 폭풍우를 불러일으킬 수 있다. 변화를 예상하고 계획하지 않으면, 사랑은 길을 잃고 탈선하게 마련이다. 그러나 결혼이 탄탄한 상태고 변화를 예상하고 준비한다면, 새로운 환경 순응의 과정이 따르게 되며 사랑은 새로운 성취감을 맛보게 될 것이다.

결혼은 예측할 만한 통과의례, 사랑의 단계를 거치는 여정이다. 로맨스와 권력 다툼, 협동, 상호 작용, 공동 창조로 이어지는 이 단계들은 결혼에서 차례로 거치는 사랑의 계절들이다. 각 단계에는 그것만의 도전과 기회가 있으며, 각 단계는 전(前) 단계를 기초로 성숙해 가고, 당신의 애정생활은 결국 그 온전한 잠재력을 다 발휘하게 된다.[8]

첫째 단계: 로맨스

결혼에서 사랑의 첫째 단계는 로맨스이다. 이 단계는 두 사람이 별개의 정체감을 지닌 독특한 개인들이라는 것을 거의 잊어버리는 시기이다. 이 매혹의 단계에서는, 부부가 서로에게서 완전한 기쁨을 찾는다. 깊은 친밀감의 욕구를 충족시키기 위하여 서로에게 다가가는 가운데, 이들은 일종의 신비스런 연합을 경험한다. 이들은 지복(至福)의 황홀경과 소속감을 누린다.

둘째 단계: 권력 다툼

긴장이 감도는 이 단계는 서로의 특이한 습관이 드러나고 차이가 분명해지면서 시작된다. 두 독립된 인격이 하나의 생활양식을 형성해 가면서 권력 다툼은 시작되고, 따라서 서로의 방식에 적응하는 것을 배우지 않으면 안 된다. 이 단계의 강도와 혼란은 부부마다 다르지만, 거의 모든 부부가 싸움을 벌인다. 이 단계를 성공적으로 통과하면 각각 다음과 같이 말할 수 있게 된다. "좋아요. 나는 이제 완전한 배우자와의 로맨스는 환상임을 기꺼이 인정하겠어요. 그러나 나는 당신이라는 사람의 신비스러움에 아직도 매료당하고 있어요. 나는 당신과의 로맨스를 계속 추구할 것이며 보다 성숙한 사랑을 향한 여행을 계속할 작정이에요."

셋째 단계: 협동

이 단계는 과정을 이탈하지 않고 위험한 권력 다툼의 과정을 성공적으로 통과한 부부들에게 있어 신선한 공기를 한 번 들이마시는 것과도 같다. 이제 수용과 변화하고자 하는 마음자세가 관계를 발전시킨다. 보다 건강하게 함께하는 방식이 시작되면서 관계는 새로운 깊이를 더한다. 이 단계에 있는 부부는 사랑이 밖에서 서로를 관망하는 것이라기보다는 자신의 문제에 스스로 책임을 지고 자신의 내면을 바라보는 것임을 깨닫는다. 이 단계에

> 내가 내 발로 설 수 없어서 다른 사람에게 기대고 있는 것이라면, 그는 내 생명을 구해 주는 자일 것이다. 그러나 분명 사랑의 관계는 아니다.
>
> 에리히 프롬
> (Erich Fromm)

서, 부부들은 상대방이 자신을 행복하게 만들어 주어야 한다는 환상을 버리고, 두려움과 방어, 투사와 상처에 직면함으로써 사랑을 재정의한다.

넷째 단계: 상호 관계

셋째 단계에서 획기적인 변화가 시작되었지만, 특별히 스트레스를 많이 받으면 예전의 문제와 두려움이 다시 나타나는 시기이기도 했다. 그러나 사랑이 성장하면서, 부부는 거의 예기치 않았던 새로운 단계에 돌입한다. 이 단계에서는 상호 관계가 서로 함께하는 기본 방식이 된다. 서로 하나가 된 기분을 느끼는 단계이며, 각자가 확고한 소속감을 느끼는 단계이다. 예전의 건강치 못한 패턴을 벗어나지 못할 것 같아 걱정하고 있는 바로 그때에, 그들은 새로운 현실을 발견하고 상호 친밀감의 기쁨에 놀라움을 감추지 못한다.

다섯째 단계: 공동 창조

넷째 단계에서, 각 커플이 갈망하고 성취하기 위해 애썼던 친밀감은 하나의 경험된 현실이다. 그러나 배우자가 늙고 은퇴하여 인생의 종말을 함께 직면하면, 공동 창조의 에너지를 개발하게 된다. 친밀감의 리듬은 새로운 마지막 꽃을 피우게 된다. 사랑이 충만해져 흘러 넘친다. 자기 자신과 서로의 사랑 안에서 안정감을 누리는 부부는 세상에서 활동할 수 있는 넘치는 에너지를 경험한다. 이 심오하고 평화로운 사랑의 시기는 이전의 모든 단계를 초월하며, 다른 어떤 단계보다도 더 강하고 깊은 사랑으로 발전한다. 이 단계에서, 부부는 자신이 서로를 위해서만 만들어진 존재가 아니라, 모든 사람과 모든 것에 사랑의 사역을 하도록 부름받은 존재임을 깨닫는다. 따라서 이 단계의 부부는 결혼을 뒷받침하고 그 기쁨을 더해 주는 의미 있는 상호 관계망을 구축한다. 이 사랑의 마지막 단계에서, 부부는 다음과 같이 말할 수 있다. "우리는 이 결혼을 위해 많은 거리를 달려왔습니다. 숨 가쁠 때도 있었고, 의기양양할 때도, 두려울 때도, 놀랄 때도, 속박당할 때도, 자유로울 때도 있었죠. 결혼은 갈등과 기쁨의 단 하나밖에 없는 친근한 원천이었습니다. 그렇지만 결혼은 아직도 우리에게 베풀 것이 많습니다."

━━◆━━

인생주기 전체를 통해 사랑은 변한다. 그렇다고 해서 사랑이 덜 친밀하고, 덜 의미있으며, 덜 중요하다는 것은 아니다. 젊은 열정이 시드는 것만큼, 그 빈 자리는 더 깊고 지속적인 친밀감, 돌봄, 공동 창조 등으로 메워지기 때문이다. 마치 불꽃이 약해지면서, 깊숙이 타던 석탄이 그 모습을 드러내는 것과도 같다.

연습문제 ❼

| 당신의 변하는 사랑 스타일 |

사랑은 언제나 똑같은 요소들이 같은 양으로 혼합되어 이루어지는 것이 아님을 이해하는 것은 평생 변하는 사랑 스타일에 준비하도록 부부들을 도와준다. 워크북 연습문제 '당신의 변하는 사랑 스타일'은 당신 부부에게 당신의 사랑이 앞으로 어떻게 발전할지를 연구하도록 도와줄 것이다.

평생 지속되는 사랑 만들기

에리히 프롬(Erich Fromm)은 "엄청난 소망과 기대로 시작되지만 정기적으로 실패하는 기업으로 사랑만한 것을 찾아보기 힘들다"고 말했다. 그의 고전적인 책 『사랑의 기술』(The Art of Loving)은 제목부터가 하나의 메시지를 전하고 있다. 평생을 가는 사랑은 우연히 생기는 것이 아니라 배우고 실천하고 갈고 닦아야 하는 기술이다.

> 사랑과 기술이 함께 작용할 때는 걸작을 기대해도 좋다.
> 존 러스킨
> (John Ruskin)

모든 성공적인 결혼은 두 사람이 그들의 사랑을 키워나가기 위해 부지런히 기술적으로 노력한 결과이다. 그들이 열정과 친밀감과 헌신을 잘 배합하면, 건강한 결혼을 유지해 나갈 수 있다.

여기에 당신의 결혼생활을 에덴동산으로 가꾸기 위한 몇 가지 조언이 있다.

열정을 키워라

"로맨스와 열정은 어디로 간 것일까?" 남편이 어느 날 침실에서 고목나무 같은 존재로 바뀌었을 때 켈리(Kelli)는 부르짖었다. 결혼 전에 켈리와 마이크(Mike)는 낭만적인 소풍과 열정적인 키스를 즐겼다. 어떤 때는 교통신호를 기다리다가도 키스를 할 정도로 낭만을 누린 적도 있었다. 가끔 마이크는 꽃다발을 선사함으로 켈리를 놀라게 했다. 그리고 켈리는 마이크에게 그가 제일 좋아하는 피넛버터가 들어 있는 초콜릿 아이스크림을 사주곤 했다.

"그는 완전한 낭만주의자였어요." 켈리는 슬픔에 찬 목소리로 말했다. "그런데 지금은 집에 돌아와 하는 일이라고는 리모트 컨트롤로 텔레비전 채널이나 바꾸는 게 고작이에요. 때로는 나보다 TV를 더 좋아하는 것 같아요." 열정적인 낭만의 상실은, 결혼한 지 1년이 되는 부부건 25년이 되는 부부건 상관없이 대부분이 하는 공통된 불평이다. 결혼식에서 뿌린 색종이와 쌀을 쓸어버리고, 결혼케이크를 냉장고에 보관하고 나면, 신혼부부의 열정도 사라지는 것만 같다.

전신을 짜릿하게 하는 열정의 극치감이 계속 남아 있으리라고 기대하는 것은 비현실적이다. 그러나 결혼은 결코 열정적 사랑을 얼음에 식혀 버릴 것을 요구하지 않는다. 사랑은 시간이 지날수록 덜 흥분적이 된다. 그것은

> 두 사람이 가장 격렬하고, 가장 광적이며, 가장 환상적이고, 가장 일시적인 열정을 가지고 있을 때에는 죽음이 그들을 갈라놓을 때까지 그 흥분적이며 비정상적이고 피곤하게 만드는 상황에 계속 남아 있으리라고 서약할 것을 요구받는다.
>
> 조지 버나드 쇼
> (George Bernard Shaw)

마치 빠른 터보건 썰매를 탈 때, 처음보다는 두번째가 덜 흥미로운 것과도 같은 이치이다. 오랫동안 행복한 결혼생활을 하는 부부라면 누구나 입증할 수 있는 것처럼, 흥분은 가라앉을지 모르지만 진정한 즐거움은 오히려 더해 간다.

과학도 이에 동의한다. 고등학교 3학년 학생들과 20년 이상 결혼생활을 한 부부들을 대상으로 연구한 바에 의하면, 두 집단이 결혼한 지 5년이 안되는 부부들보다 사랑에 대하여 더 낭만적이고 열정적인 견해를 가지고 있음이 드러났다.[9] 연구원들은 고등학생들이 아직 낭만적인 사랑관을 가지고 있으며, 나이 많은 부부들은 결혼을 가꾸는 데 장기 투자를 하여 '부메랑 효과의 열정'을 즐기고 있다는 결론을 내렸다.

이 행복을 구가하는 나이 많은 부부들의 비밀은 무엇인가? 그들은 때로 꺼질 듯한 열정의 불꽃을 어떻게 다시 불붙게 하는가? 다음은 행복한 결혼생활을 하는 부부들에게서 배울 수 있는 세 가지 전략이다.[10]

의미 있는 신체적 접촉을 실천하라. 섹스치료사들은 성공적인 부부들이 곧 배우게 되는 것이 무엇인지를 오래 전부터 알아 왔다. 신체적 접촉의 형태로 나타나는 애정은 성애의 전주곡이며, 말보다 더 강하게 표현하는 언어이다. 쉘돈 반 오켄(Sheldon Van Auken)은 그의 책 『가혹한 자비』(*A Severe Mercy*)에서 아내 데이비(Davy)와의 결혼생활을 기술하면서 신체적 접촉의 심오함을 예를 들어 보여준다. "아직도 웅크리고 있는 나에게 데이비가 다가오자 나는 그녀를 감싸 안았다. 그러자 아내는 바짝 다가붙었다. 우리는 둘 다 아무 말도 하지 않았다. 속삭이는 듯한 말도 하지 않았다. 우리는 함께 가까이 있었다. 우리는 위대한 아름다움에 압도되었다. 우리는 서로가 완전히 하나됨을 느낀다는 것을 알았다. 어떤 말도 필요 없었다." 의미 있는 신체적 접촉은 열정의 언어이다.

서로 즐거운 경험을 계획하라. 결혼하는 것이 재미가 끝나는 것을 의미하지는 않는다. 성공적인 부부는 배우자에게 긍정적인 경험을 연상시키기 위해 부지런히 연구한다. 낭만적인 저녁식사, 연극 구경, 여행은 그들에게 여전히 중요한 역할을 한다. 배우자를 마루에 생각없이 떨어뜨린 더러운 옷, 언성 높인 명령, 울음, 바가지와 연결시키기 시작하면, 낭만적 열정은 급히 사그라진다. 열정은 결혼한 후에도 계속 '데이트'를 할 때 유지될 뿐 아니라 그 강도를 더해 간다.

당신의 배우자를 매일 칭찬해 주라. 남편과 아내 모두에게 있어 가장 중요한 낭만적 열정의 요소는 자신이 특별하다고 느끼는 것이다. 그들은 배우자에게 성적 매력이 있는 대상이길 원할 뿐만 아니라 고마움과 찬사의 대상이 되고 싶어한다. 칭찬은 해주기에도 좋고 받기에도 좋은 것이다. 제임스 테일러(James Taylor)

의 가사에도 이런 표현이 있듯이 말이다. "당신이 사랑하는 사람에게 칭찬과 찬사의 소나기를 퍼부어라."

결혼에서의 열정을 말할 때 결정적 결론은 이것이다. 즉 초기 열정의 강도가 시작에 불과하다는 것이다. 우리는 이를 이런 식으로 설명한다. 시애틀에서 뉴욕까지 가는 제트 여객기는 이륙할 때 연료의 80%를 사용한다. 비행기가 안전하게 비행할 수 있는 고도에 도달하려면 이륙하는 데만도 엄청난 양의 에너지가 소모된다. 그러나 이륙은 시작에 불과하다. 순항하는 것이 여행에서 중요한 부분이다. 여기에는 꾸준히 균형을 잡으며 지탱하는 다른 종류의 에너지가 요구되는 것이다. 뿌리 깊은 열정을 키워나감으로써 당신은 결혼생활을 하면서 겪는 불필요한 다툼을 피하고, 상상치도 못했던 고도로 상승하는 비행을 즐길 수도 있을 것이다.

친밀감을 키워나가라

이론적으로 말할 때, 남편과 아내는 꿈과 관심사, 두려움과 희망을 함께 나누는 절친한 친구이며 연인이다. 그러나 사회학자이며 결혼전문가인 스테이시 올리커(Stacey Oliker)는 참된 친밀감과 실제 생활 사이의 간격은 여전히 넓은 채로 남아 있다고 말한다. 소수의 부부만이 순수한 친밀감을 경험하고 있다는 말이다.[11]

> 사랑을 받으려면 사랑스러운 사람이 되어라.
> — 오비드 (Ovid)

어떻게 이럴 수가 있을까? 올리커는 결혼한 부부들이 배우자와 친밀해지기보다는 가까운 친구들과 친밀해짐으로 그 간격을 좁히려 한다고 주장한다. 올리커는 자신의 책 『절친한 친구와 결혼』 (Best Friends and Marriage)에서, 많은 여성들은 남편에게 비밀을 털어놓기 전에 친구나 친척을 찾는다고 말한다. 마찬가지로, 남성들에게 장래 꿈과 포부에 대하여 이야기하고 싶은 사람을 꼽으라고 했더니 아내보다는 친구들을 더 선호했다.[12]

 이 말이 결혼한 사람은 가까운 친구를 두어서는 안된다는 것을 의미하는가? 절대로 그렇지 않다. 이는 우리가 결혼에서 친밀감을 증대시키기 위해서는 특별한 배려를 해야 함을 의미한다. 이를 위해 마음에 새겨두어야 할 몇 가지를 제안한다.

 시간을 함께 보내라. 우리는 사랑이 저절로 유지되는 거라고 착각을 한다. 그러나 사랑은 저절로 이루어지지 않는다. 결혼 전문가 데이비드 메이스(David Mace)는 말한다. "사랑은 먹이를 주고 키워야 한다 … 사랑은 무엇보다 시간을 필요로 한다." 연구결과에 따르면, 결혼생활의 행복은 부부가 함께 보낸 시간과 정비례함을 보여준다. 우리는 바쁜 부부들에게도 점심을 함께하든지, 가정에서 TV를 보는 데 시간을 허비하지 말고 'TV 안 보는 밤'을 계획하라고 가끔 권한다. 흉금을 털어놓는 대화는 바쁘게 활동하는 중에는 이루어지지 않는다.

> 사랑은 마치 테니스 경기와도 같다. 서브(serve)를 잘 하는 법을 배우기 전까지는 꾸준히 이기는 게 불가능하다.
>
> 댄 헤로드
> (Dan P. Herod)

제3의 귀로 들으라. 친밀한 나눔에 대한 연구결과는 '진정으로 경청하지 않는 것'이 부부가 범하는 가장 근본적인 오류임을 보여준다. 우리는 배우자가 어떤 이야기를 할 때, 그가 말을 마치기도 전에 끼어 들거나 참지 못하고 조바심을 내는 성향이 있다. 그러나 친밀감은 우리가 참을성을 가지고 이야기에만 귀를 기울이는 것이 아니라, 배우자의 감정에도 귀를 기울일 때 배가된다. 만일 당신이 말과 감정 둘 다에 귀 기울이는 것을 배울 때, 친밀감은 당신의 결혼생활에서 꽃 피게 될 것이다(우리는 6장에서 이 주제를 상세히 다룰 것이다).

무조건적 용납을 실천하라. 깊이 있는 나눔은 거절에 대한 두려움이 없을 때만 가능하다. 결혼한 부부들 중에는 배우자를 화나게 하는 말이나 행동을 할까봐 두려워하면서, 배우자 주위에서 계란 위를 걷듯 조심스러워하는 사람들이 있다. 결혼한 지 얼마 안되는 한 여성은 남편이 집에 있으면 요리하는 것이 두렵다고 말했다. 그것은 그녀가 어떤 식으로 음식을 준비하든 남편은 그녀의 요리법에 대해 비판거리를 찾아내기 때문이었다. 불안만큼 친밀한 관계를 빨리 무너뜨리는 것은 없다. 반면에 당신이 불완전한데도 불구하고 무조건적으로 당신이 용납되고 있다는 것을 아는 것보다 친밀감을 더 증진시키는 것은 없다.

공통점에 초점을 맞추어라. 친밀감은 감정과 경험과 믿음을 공유할 때 자라난다. 50년간 행복한 결혼생활을 한 부부라면 누구나 부부 사이의 차이를 말해 줄 수 있을 것이다. "그는 언제나 안절부절못해요. 하지만 나는 느긋한 것을 좋아해요.", "그이는 단것을 좋아하는데, 나는 짠 음식을 좋아해요.", "그는 민주당을 지지하고, 나는 공화당을 좋아합니다." 그러나 그들의 이런 차이에도 불구하고, 당신은 그들의 공통점을 드러내는 말을 들을 수 있다. 그들은 보통 '우리'라는 말로 시작한다. "우리는 같은 것을 보고 웃습니다.", "우리는 뉴잉글랜드 지방을 여행하는 것을 좋아합니다.", "우리는 둘 다 도시선교를 지지합니다." 부부가 그들이 공유하고 있는 공통점에 초점을 맞추는 정도에 따라 친밀감은 더욱 깊어진다.

영적인 영역을 함께 개발하라. 친밀감의 부족은 흔히 영적인 활력이 부족한 데서 기인한다. 한 연구결과는 행복하고 건강한 부부의 여섯 가지 공통된 특성에 영성이 포함되고 있음을 보여준다.[13] 두 사람이 영적인 갈증이나 영적 인식을 함께 공유할 때, 그들은 영혼의 친구가 된다. 바꿔 말하면, 영성은 결혼의 정신이다. 영적인 뿌리가 없으면, 부부는 순수한 친밀감을 가로막는 공허감과 피상적 관계만을 가질 뿐이다(우리는 7장에서 이에 대해 더 자세하게 다룰 것이다).

친밀감을 키워나가지 못하는 부부는 기껏해야 '속빈 강정'과도 같은 결혼생활을 해나갈 것이다. 그들은 누가 쇼핑을 하고, 또 어떤 차를 살 것인가 하는 일상생활에 필요한 실제적인 문제는 조화롭게 처리할 수 있겠지만, 정서적이고 영적인 공백상태에 살며, 사랑이라는 충만한 아름다움은 누리지 못할 것이다.

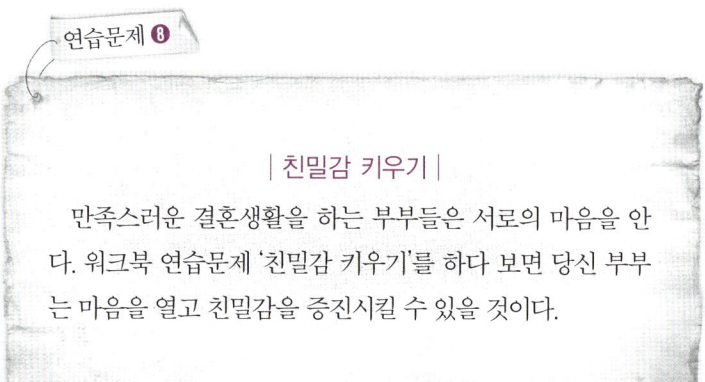

연습문제 ❽

| 친밀감 키우기 |

만족스러운 결혼생활을 하는 부부들은 서로의 마음을 안다. 워크북 연습문제 '친밀감 키우기'를 하다 보면 당신 부부는 마음을 열고 친밀감을 증진시킬 수 있을 것이다.

헌신하는 법을 배우라

『지붕 위의 바이올린』에서 테비예(Tevye)는 25년을 함께 살아온 아내가 자기를 사랑하는지를 알고 싶어 다짜고짜 묻는다. "당신 나를 사랑하오?" 그들은 중매결혼을 했다. 그리고 테비예가 아내에게 설명한 것처럼, "아버지와 어머니는 우리가 사랑하게 될 것이라고 했소. 그리고 지금 나는 당신에게 '나를 사랑하오?'라고 묻고 있다오." 아내 골디(Golde)는 결국 "사랑하는 것 같아요" 하고 대답한다. 이 말을 듣고 테비예는 "25년 만에 알고 나니 좋구려" 하고 대답한다. 상대가 나를 사랑하는 것을 안다는 것은 좋은 일이다.

낭만적인 감정의 홍수는 결국 물러가겠지만, 헌신에 기반을 둔 다른 종류의 사랑이 그 자리를 대신하며 당신의 결혼에 안정적인 평화를 가져다 줄 것이다.

당신의 새로운 결혼에 헌신이라는 중요한 요소를 강화시키기 위해서는 다음 지침을 따르라.

헌신의 높은 가치를 평가해 보라. 일생 동안 사랑을 유지하는 데 있어 헌신의 중요성은 아무리 강조해도 부족할 것이다. 6,000건의 결혼과 3,000건의 이혼을 연구한 세 의사가 다음과 같은 결론을 내렸다. "결혼에서, 부부관계는 끝나지 않고 지속되어야 한다는 각오보다 더 중요한 것은 없을 것이다. 이런 각오로 인해 개인들은, 결혼의 지속이 일차적 목표가 아니었다면 충분히 이혼이 가능해 보이는 상황도 적응하고 수용하도록 자신을 다스린다."[14] 헌신은 결혼의 반석을 제자리에 붙들어 주는 모르타르(회반죽)와도 같다.

배우자의 욕구를 충족시키라. 일반 심리학이나 아브라함 매슬로우(Abraham Maslow)의 욕구의 단계를 공부한 사람이라면 인간에게 안정감에 대한 기본 욕구가 있음을 알 것이다. 사람들에게 안정감을 주는 가장 좋은 방법은 할 수 있는 한 그들의 일상적인 욕구를 많이 충족시켜 주는 것이다. 예를 들어, 부부가 일이 끝난 다음에 긴장을 풀고 싶은 서로의 욕구를 채워주고, 일주일에 한

번 외식하고 싶은 욕구를 채워준다면, 그 부부의 안정감 수준은 상승할 것이다. 심지어 작은 욕구라도 채워주면 헌신에서 오는 안정감은 배가된다.

배우자와의 약속을 지키라. 사람들은 자신의 헌신에 너무 집착하고 자신이 결혼을 위해 하고 있는 희생만을 생각하다가 자신에게 한 배우자의 약속의 아름다움을 간과하기 쉽다. 우리는 결혼한 지 1년도 안된 남자를 상담한 적이 있었다. 그는 헌신하는 것은 그가 행복해질 수 있는 마지막 기회를 앗아가기 위해 벌이는 '바보만들기 게임', 즉 도덕적 속임수로 보았다. 그는 결혼생활이 자기가 원하는 것만큼 행복하지 못하자, 결혼이 주는 이점을 포기하고 자기 방향대로 나아갔다. 아내가 자기에게 그렇게도 헌신적인데도 말이다. 우리가 지적하기까지, 그 남자는 아내의 헌신에 대하여 별로 의식을 못하고 있었다. 그러다가 아내가 사랑의 서약을 신실하게 지키려 한다는 것을 알고 나서는 자기도 약속 지키기라는 훌륭한 행동에 도전하기로 결심하였다. 배우자의 약속을 귀히 여기는 것은 헌신을 증가시키는 좋은 방법이다.

헌신을 당신의 존재 일부로 만들라. 토마스 볼트(Thomas Bolt)의 연극 '4계절의 사나이'(A Man for All Seasons)에서, 토마스 모어(Thomas More)는 딸 마가레트(Margaret)에게 자기의 맹세를 파기할 수 없는 이유를 다음과 같이 설명한다. "남자가 약속을 하는 것은 자신을 그의 손안에 집어넣는 것이다. 마치 손안의 물을 움켜쥐는 것과 같이 말이다. 만일 그가 물을 내보내려고 손가락을 벌리면, 자신을 다시 찾으리라는 희망은 버리는 게 좋다." 우리는 인간으로서 헌신을 통해 우리 자신을 창조하기도 하고 규정하기도 한다. 그리고 이 헌신은 우리의 정체감의 통합된 일부가 된다. 우리가 헌신과 모순되는 행동을 할 때 우리는 자신을 상실하고 정체감의 위기를 겪게 된다. 당신은 배우자에게 한 헌신을 당신의 일부가 되게 하고 최고로 여김으로써 이를 더욱 강화시킬 수 있다. 이를 어기면 당신의 사람됨을 포기하는 거라 여길 정도로 배우자에게 한 약속을 소중히 하라는 말이다.

형통한 모든 결혼은 열정과 친밀감과 헌신에 근거한다. 이 세 요소를 잘 갈고 닦는 것은 당신이 성공적으로 사랑의 단계를 항해하여 평생 동안 사랑을 지속시키는 데 도움을 줄 것이다.

묵상을 위하여

- 당신은 언제 처음으로 배우자에게 "당신을 사랑해"라고 말했는가? 경험을 되돌아 보라. 당신은 무슨 생각과 느낌으로 그 말을 했는가?
- 지금 당신의 애정생활에서 열정, 친밀감, 헌신 중 어떤 요소가 가장 중요한 역할을 한다고 생각하는가? 그 이유는 무엇인가?
- 사랑의 모습이 평생에 걸쳐 다른 모습들로 변화한다는 것을 아는 것이 왜 중요한가?
- 열정은 결혼생활에서 제일 먼저 사그라지는 사랑의 요소이다. 열정이 소멸되는 것을 막으면서 사그라지는 열정에 대비하려면 어떻게 해야 하는가?
- 당신은 당신의 관계에서 친밀감을 증가시키기 위해 무엇을 하는가? 특별히 바쁠 때, 친밀감을 키우기 위해 달리 무엇을 할 수 있겠는가?
- 헌신은 우리에게 안정감을 주고 안심할 수 있게 하는 지속적인 사랑의 기초석이다. 결혼생활을 하면서 헌신의 요소가 많이 약화될 때가 있다고 생각하는가? 그렇다면 그것을 막기 위해 언제, 무엇을 할 수 있는가?
- 이 장을 읽고 나서 사랑에 대해 갖고 있는 당신의 개념에 어떤 변화가 일어났는가?
- 이 장을 읽고 난 후, 배우자와 지속적인 사랑을 하기 위해 할 수 있는 일을 구체적으로 열거할 수 있는가?

행복은 습관이다
그러므로 그것을 개발시키라 엘버트 허바드(Elbert Hubbard)

세번째 질문

당신은 행복이라는 습관을 개발하였는가?

다음 약속장소로 이동할 때 우리가 사용할 비행기가 우리 위로 윙윙거리며 활주로 가까이에 착륙할 즈음, 우리는 산 후안(San Juan) 섬에서 있었던 수련회 강의를 마친 상태였다. 5분 후에 우리는 3명을 태울 수 있는 소형 세스나기에 올랐다.

조종사가 우리를 반갑게 맞았다. "이륙하기 시작하면 조금 시끄러울 겁니다. 하지만 시애틀까지는 짧은 비행인데다 저녁 이맘때 쯤에는 풍경이 너무 아름다워서 괜찮으실 겁니다."

우리는 말없이 서로를 쳐다보며, 소형 비행기를 타는 것에 대한 두려움을 나누고 있었다. "멋지겠군요!" 레슬리가 가까스로 대답했다.

조종사가 엔진에 시동을 걸자 우리는 안전벨트를 매고 헤드폰을 썼다. 비행기는 어느새 초원 위의 활주로를 달리고 있었다. 사슴 세 마리가 우리 앞에서 숲속으로 흩어지는 게 보였다. 우리는 두려움도 잊은 채, 창 가까이 기대어 눈 덮인 캐스케이드 산맥(Cascade Mountains)에 반사되는 저녁 노을을 바라보고 있었다. 정말 대단한 장관이었다.

우리는 퓨젯 사운드(Puget Sound) 섬을 가로질러, 지방 비행장에 점점 가까워지고 있었다. "착륙 시 제일 중요한 것은 비행기의 자세(attitude)입니다." 조종사가 말했다.

"고도(altitude)를 말씀하는 거죠?" 내가 물었다.

"아닙니다." 조종사가 설명했다. "자세란 비행기의 코와 관계되는 것입니다. 자세가 너무 높으면, 비행기가 착륙하면서 심하게 튀어오르게 됩니다. 그리고 자세가 너무 낮으면 지나친 착륙속도 때문에 비행기의 통제가 불가능해질 수도 있습니다."

그때 조종사가 우리의 관심을 끄는 말을 했다. "이 때 필요한 기술은 대기권의 상태와 관계없이 올바른 자세를 유지하는 것입니다."

조종사의 말은 우리에게 행복한 결혼을 창조하는 요령을 제공한다. 즉 우리가 처한 환경과 관계없이 올바른 자세를 개발하라는 말이다.

어떤 부부는 결혼 생활 중에 어려움을 만나면 성공적으로 그 암초를 피해 나가고, 또 다른 부부는 비슷한 상황에서 좌절과 실망과 절망과 충돌하기도 하는 것은 결코 우연한 일이 아니다. 어떤 부부는 명랑하고 긍정적이며 행복하고, 또 다른 부부는 우울하고 패배적이며 불안에 떨고 있는 것도 역시 우연한 일이 아니다. 두 집단 사이의 차이를 연구해 온 심리학자들은 결혼의 성공 원인에 대해 여러 가지로 설명을 했다(오랜 연애기간, 비슷한 배경, 호의적인 가족, 양호한 의사소통, 높은 교육수준 등). 그러나 핵심적인 결론은, 행복한 부부는 행복하기로 결심한다는 것이다. 삶의 여정에서 많은 문제에 직면하지만, 행복한 부부는 행복을 습관으로 만드는 것이다.

우리 부부는 여러 해 동안 결혼에 대한 과목과 세미나를 강의해 왔다. 그리고 우리 개인 서재에는 결혼과 가

> 행복은 나누라고 만들어진 것 같다.
> 코넬리
> (Corneille)

정에 대한 최신 교재가 20여 권 이상 꽂혀 있다. 우리가 제일 좋아하는 교재는, 많은 이들이 고전으로 생각하는 책으로 그 속에는 되새겨볼 만한 가치 있는 문장이 많다. "결혼을 하려는 사람들이 갖춰야 할 가장 중요한 특징은 행복이라는 습관이다."[1]

이 장에서 우리는 당신의 결혼보다 당신에게 더 초점을 맞춘다. 당신과 배우자가 평생을 '행복하게 사느냐 불행하게 사느냐'는 당신 태도에 달려 있다. 먼저 당신이 결혼의 행복을 위해서 어떻게 마음을 프로그램할 수 있는가를 살펴보자. 그리고 결혼을 성사시키기도 하고 깨뜨리기도 하는 두 가지 기본 태도를 다룰 것이다. 또한 행복한 결혼을 가로막는 장애물에 대해 생각해 보고 나서, 행복한 부부의 놀라운 비결을 공개할 것이다. 마지막으로 두 사람이 진짜로, '그 후로 행복하게 오래오래 살 수 있는지를 살펴보겠다.

세번째 질문 87

행복한 결혼을 위해 당신의 마음을 프로그램하라

　행복한 결혼은 운명과는 전혀 상관이 없고 모든 것이 의지와 관계된다. 나는 이 진리를 어려운 과정을 통해 배웠다.

　신혼시절에 레슬리(Leslie)와 나는 대학원에 다녔는데, 그당시 우리는 몇몇 학생부부와 함께 아파트촌에서 생활했다. 우리 집 아래층에는 밥(Bob)과 제시카(Jessica)가 살았다. 그들은 얼마 전에 결혼해서 로스앤젤레스로 이사를 갔다. 우리는 단 한 가지를 제외하면 공통점이 많았다. 그들은 모든 일이 순조롭게 풀리는 것처럼 보였다.

　그들의 아파트는 위치가 좋은데다 가구 또한 멋있는 것들로 갖추어져 있었다. 반면에 우리 집은 대물림해 내려오는 낡은 가구가 많았다. 의자와 소파 모든 것이 낡을 대로 낡은 것이었다. 제시카는 유명 백화점에서 일해 많은 할인혜택을 받을 수 있었기 때문에 최신 유행하는 옷을 입었다. 우리는 대학 다닐 때 입던 옷을 그대로 입고 다녔다. 나는 학교에서 교수 장학금이나 연구 장학금 등을 받기를 간절히 원하는 데 반해 밥은 아무 노력도 들이지 않는데도 이런 특별한 기회가 거저 주어지는 것 같았다. 게다가 밥과 제시카는 빨간색의 신형 스포츠카를 몰았는데, 그의 부모님이 선물로 사주신 것이었다. 그 차는 우리 낡은 회색 트럭 옆에 주차되어 있었다. 앞서 말한 것처럼, 그들에게는 모든 횡재가 쏟아지는 것 같았다.

　나는 그들의 새 차를 볼 때마다, 내 자신이 불행하다는 생각이 들었다. 나는 에어컨도 없는 낡은 트럭을 몰면서 땀을 흘리고 있는데, 그들은 편안한 가죽시트에 앉아 자동온도조절이 되는 차를 타며 즐기고 있었다. 나는 정말로 우울해지기 시작했다. 나는 혼자 중얼거렸던 것을 기억한다. '왜 다른 사람들에게 모든 좋은 일이 생기는 것일까? 왜 다른 사람들은 모든 것이 쉽게 주어지는 것일까?' 상처받은 데 소금을 뿌리기라도 하듯, 나는 점점 레슬리에 대해서 부정적으로 변해 가는 자신을 발견하였다. 그녀가 하는 작은 일들도 나를 짜증나게 했다. 아니 더 정확하게 말한다면, 나는 그녀의 작은 행동들도 나를 화나게 만들도록 허용했다. 나의 자기연민이 부정적인 마음자세를 만들어 결혼생활에까지 영향을 미치기 시작했다.

몇 개월 동안 적은 봉급을 받아 살림을 꾸려나가는 것에 대하여, 그리고 다른 사람들은 자신보다 더 쉽게 모든 것을 얻는 것에 대하여 속을 끓이다가, 예상치도 않았던 통계학 과정에서 귀한 진리를 깨닫게 되었다. 인공두뇌학과 회귀계수에 대하여 배우는 과정에서, 나는 컴퓨터 앞에 앉아 자료를 입력하였다. 45분 동안의 작업 끝에, 나는 모든 줄과 선을 제자리에 맞출 수 있었다. 나는 실행(시작) 키를 누른 뒤 회전의자에 앉아서 결과가 나오기를 기다렸다. 그러나 아무 일도 일어나지 않았다. 정적이 감돌았다. 기계를 발로 차고 싶은 심정이 되어가고 있을 때였다. 컴퓨터 화면의 위쪽에서 패널이 깜박거렸고 거기에 통계학 문제에 대한 답이 간단한 숫자와 쉬운 영어로 쓰여 있었다.

믿을 수가 없었다. 내가 입력한 변수를 분석하려면 기계가 다양한 빛을 번쩍이면서 여러 차례 순환을 거듭해야 한다고 생각하였다. 그러나 결과를 산출하여 나에게 제시하는 데 700분의 1초밖에 걸리지 않았던 것이다.

무력함을 느끼며 허탈한 심정으로 앉아 있는데, 지도교수 월리스(Wallis) 박사가 다가와 물었다. "레스, 무슨 문제가 있습니까?"

나는 문제를 컴퓨터에 입력하는 데도 오랜 시간이 걸렸는데, 컴퓨터는 700분의 1초 만에 답을 산출하더라고 설명하였다. "세상에 어떻게 이런 일이 가능합니까?" 하고 나는 물었다.

월리스 박사는 나의 질문을 진지하게 듣고 나서, 컴퓨터가 가장 작은 단위의 자료를 취하여 그것에 양적(陽, positive) 전기자극을 주거나 음적(陰, negative) 전기자극을 주어 저장하는 법을 말해 주었다. 덧붙여 컴퓨터는 그 기억에서 정보를 단순히 불러내어 새로운 방식으로 배합하며, 컴퓨터는 기본적으로 사람의 두뇌와 같이 작동한다고 설명해 주었다.

"무슨 뜻입니까?" 하고 나는 물었다.

"우리 두뇌는 마치 컴퓨터와 같이 프로그램됩니다. 우리가 어떤 청각, 시각, 후각, 미각, 촉각, 직관을 우리의 정신적 컴퓨터에 집어넣기 전에, 우리는 이 자료에 '긍정'(positive) 또는 '부정'(negative)으로 도장을 찍습니다. 그러고 나서 우리는 두뇌에 감각을 저장하지요. 그러면 그것이 뇌에 영구보존되는 거예요. 그래서 우리가 사람의 이름은 항상 기억하지 못해도, 그들에 대한 느낌은 기억을 하는 겁니다."

내가 인공두뇌학보다는 심리학에 더 관심이 있다는 것을 알고, 윌리스 박사는 덧붙였다. "그러나 컴퓨터와 달리, 인간은 그들의 마음을 대체로

> 사람이 행복하다고 생각하면, 그것으로 그는 충분히 행복할 수 있다.
> 드 라 파에드
> (Mme. De La Fayette)

부정적이거나 대체로 긍정적인 쪽으로 프로그램 작성하는 습관이 있습니다."

그때 나는 깨달았다. 기회가 찾아와 노크해 주기를 기다리면서, 그것이 오지 않는다고 불평만 함으로써 나 자신과 우리의 결혼을 비참하게 만들고 있었음을 말이다. 자신도 모르게 나는, 나를 둘러싸고 있는 환경을 '부정적'으로 낙인찍는 나쁜 습관을 개발하고 있었다. 주어진 여건을 최대한으로 활용하는 대신에, 자기연민에 빠져 그 속에서 허덕이고 있었던 것이다.

컴퓨터실에서의 그날 오후는 나에게 중요한 전환점이 되었다. 그때부터 나는 무슨 일이 있어도 행복하기로 결심했다. 내가 항상 낙관적이거나 정상의 위치에 있기 때문이 아니다. 나는 이제 환경이 내 기분이나 결혼을 좌우하는 것을 허용하지 않는다. 이 모든 것은 부정적인 태도가 인간관계나 부부관계에 얼마나 파괴적인가를 깨달으면서 시작된 것이다.

연습문제 ❾

| 자기 대화에 귀 기울이기 |

당신의 태도를 선택하는 법을 배우는 것은 쉬운 일이 아니다. 그러나 일단 태도를 결정하는 법을 터득하면, 긍정적인 태도는 보람 있는 결혼으로 이끌어 준다. 워크북 연습문제 '자기 대화에 귀 기울이기'는 당신과 배우자에게 행복이라는 습관을 개발시켜 줄 것이다.

부정적 사고의 힘

대부분의 부정적인 사람들은 다른 직업을 갖거나, 더 좋은 장소에 살거나, 다른 사람과 결혼하면 자신이 긍정적인 사람이 될 수 있다고 생각한다. 그러나 행복은 더 나은 환경이라고 해서 생기는 것이 아니다. 부정적 태도를 가진 사람은 어디에서 누구와 살아도 부정적인 사람이 될 것이다.

습관의 힘으로 인해서, 우리는 기본적으로 긍정적이거나 부정적인 태도 중 한 가지를 지닌다. 우리의 환경은 날씨에 따라 바뀌지만, 우리의 태도는 변함이 없다. 부정적인 사람은 현실적이 되자는 말로 자신의 입장을 변호한다. 긍정적인 사람은 현재 상황 너머를 바라보면서 가능성의 관점에서 사람과 상황을 본다.

결혼한 지 3개월 된 론(Ron)과 스코트(Scott)를 예로 들어보자. 그들은 좋은 직장을 다니고, 좋은 지역에서 살며, 같은 교회를 다닌다. 론은 근본적으로 긍정적인 사람이다. 그는 사물의 밝은 측면을 보고, 아내의 인간적인 면을 이해하며, 완벽주의자의 기준으로 모든 사람을 판단하지 않는다. 이 말이 그의 생활에 실망스러운 일이나 문제가 일어나지 않는다는 것은 아니다. 그러나 그의 문제가 그의 행복한 결혼생활을 가로막지는 못한다.

반면에, 스코트는 근본적으로 부정적이다. 그는 결혼생활에서 불가피하게 나타나는 모든 허물에 대해서 재판관과 배심원 역할을 다하려고 한다. 그의 대화는 인생에 대한 부정적 비평으로 가득하다. 지금 그와 그의 아내는 결혼생활을 끝내려는 시점에 와 있다. 물론 스코트가 처음부터 그랬던 것은 아니다. 처음에는 스코트에게도 '긍정적 성향'이 있었다. 신혼시절, 남편은 아내의 말이나 행동은 모두 긍정적으로 받아들였고, 아내는 잘못을 할 수 없는 사람이라 여겼다. 그러나 모든 결혼이 그러하듯이 그들의 결혼생활이 어려움에 직면했을 때, 남편의 실망과 좌절은 스코트로 하여금 '부정적 성향'으로 돌아서게 만들었다. 이제 그는 아내가 하는 모든 것을 부정직으로 보았다. 이제 그녀는 제대로 하는 게 하나도 없었다.

인생은 론과 스코트에게 기본적으로 같은 것이었다. 그런데 태도에 차이가 나는 이유는 무엇일까? 스코트의 문제는 자신의 환경이 아니라 환경을 해석하는 방식에 있었다. 심지어 아주 사소한 일도 극단적으로 몰고 갔다. 론은 아내가 따뜻하게 맞이하지 않으면 그럴 만한 이유가 있으려니 하고 여유를 갖는데, 스코트는 즉시 부정적인 결론을 내렸다. '나에게는 전혀 관심이 없는거야.' 론과 스코트에게 주어진 상황은 크게 다를 것이 없었으나 그들이 세상을 보는 시각은 벌어져 있었다.

부정적 해석은 결혼에서 행복을 앗아가는 독소이다. 그런데 문제는 배우자가 내가 싫어하는 행동을 할 때 어떻게 긍정적인 태도를 개발하느냐 하는 것이다. 이 질문에 대한 답은 우리의 감정에 책임을 지는 것이다.

언젠가 나는, 신이 나서 한시라도 빨리 레스와 기쁜 소식을 나누고 싶어 집에 돌아왔던 적이 있었다. 그런데 그때 남편은 무슨 이유에서인지 미적지근한 반응을 보였다. 나는 함께 그 기쁨을 나누기 원했지만 반응을 보이지 않았다. "당신 때문에 화가 났었어요" 하고 나중에 그에게 말했다. 그러나 사실, 그가 나를 화나게 한 것이 아니었다. 내가 나를 화나게 했던 것이다. 약간 이상하게 들릴지 모르지만 사실이다. 레스가 나와 함께 기뻐하지 않는 이유가 무엇인지를 살펴보기도 전에, 나는 비약해서 부정적 결론을 내렸다. '남편은 나에게 좋은 일이 일어났는데도 관심이 없단 말야. 그는 자기에게만 관심이 있을 뿐이야.' 반면에 그날 직장에서 일이 진척되지 않아 기분이 상해 있던 레스는 이런 생각을 했다. '이 여자는 나에게 관심이 없어. 오직 자기에게만 관심이 있는 것 같아.'

그 시간 이후로 우리는 '흠도 잡지 말고 남의 탓도 하지 말자'는 태도를 취하려고 노력한다. 그 태도는 서로에 대한 부정적인 평가를 일단 보류하고 아무도 다른 사람을 불행하게 '만들' 수 없다는 사실을 기억하는 것이다. 사람은 누구나 자신의 태도에 대해 책임이 있다.

빅터 프랭클(Victor Frankl)은 어떤 사람보다도 환경을 딛고 일어서 긍정적 태도를 유지할 수 있는 능력을 가진 사람이다. 히틀러의 게슈타포에 체포되어 수용소에 보내졌을 때, 그는 오스트리아 비엔나에 살던 26세의 유대인 정신과 의사였다. 매달 그는 아버지와 어머니, 누이와 아내가 산 채로 화장당한 소각로에서 뿜어 나오는 검은 산화탄소 연기 아래서 일해야 했다. 매일같이 배급되는 수프에 당근조각이나 콩이 섞여 들어오기를 바랐다. 그는 동유럽의 살을 에는 추위로부터 발과 다리를 보호하기 위해, 여느 때보다 한 시간을 일찍 일어나서 삼베 조각으로 동여싸곤 했다.

마침내 빅터 프랭클이 취조받으러 불려갔을 때, 그는 강한 백열등 아래 벌거벗겨진 채로 서 있었다. 빛 저편에는 어두운 그림자 뒤로 광택이 나는 구두를 신은 남자들이 터벅터벅 소리를 내며 왔다 갔다 했다. 여러 시간 동안 그들은 그를 좌절시킬 목적으로, 생각할 수 있는 갖가지 거짓말을 동원해 질문과 비난으로 그를 괴롭히고 있었다. 이미 그들은 그의 아내와 가족, 저작물, 옷가지, 결혼반지 외에도 가치가 있어 보이는 모든 것을 빼앗아 갔다. 그러나 빗발치는 질문 속에서도, 한 가지 생각이 프랭클의 마음을 스쳐 지나갔다. '그들은 내가 가진 모든 것을 송두리째 빼앗아 갔다. 그러나 아직도 나의 태도를 선택할 수 있는 힘은 남아 있다.'

감사하게도 대부분의 사람들은 유대인들이 나치 독일에서 겪어야 했던 그런 잔혹한 환경에 대처할 필요가 없다. 그러나 빅터 프랭클이 죽음의 수용소에서 살아남을 수 있었던 '자신의 태도 선택'의 원리는 모든 어려운 상황에 똑같이 적용된다.

수많은 부부들이, 배우자의 행동 여부에 자신의 불행을 탓하면서 부정적인 마음의 태도를 개발하였기 때문에 행복을 빼앗기고 있다. 이것은 사람이 결혼생활에서 범할 수 있는 최악의 실수이다. 우리는 상담을 하면서 종종 다음과 같은 말을 듣는다. "아내의 말이 나에게 상처를 줍니다." "남편이 나를 화나게 합니다." 사실은 말이 사람들에게 상처를 주거나 화나게 하는 것이 아니다. 사람은 스스로를 화나게 할 뿐이다. 물론 화나는 것은 우리가 싫어하는 것에 대한 자연스런 반응이다. 그러나 그 반응은 보다 건설적이고 긍정적인 반응을 이끌어낼 수 있는 역할을 할 수도 있다.

우리가 다스리고 통제해야 할 부분이 외부의 사건에 있지 않고 우리 자신 속에 있음을 인정한다면, 우리는 불쾌한 사건을 재해석하고 긍정적인 태도를 개발할 수 있을 것이다.

연습문제 ❿

| 탓하기 게임을 피하기 |

상대를 탓하지 않고 책임을 지는 것은 불행한 결혼 시나리오를 해결하는 데 결정적인 역할을 한다. 워크북 연습문제 '탓하기 게임을 피하기'는 당신과 배우자가 자기 태도에 책임을 지고 어려운 시기를 극복해 나가도록 도와줄 것이다.

행복한 부부의 비결

행복한 부부를 행복하게 만드는 것은 무엇인가? 유명한 UCLA 연구원 알렌 파투치(Allen Parducci) 박사는 이 주제를 연구한 결과, 돈, 성공, 건강, 아름다움, 지능, 권력 등은 부부의 주관적 행복과는 별로 관계가 없음을 발견하였다. 오히려 부부가 느끼는 기쁨의 수준은 각기 자기 통제 밖에 있는 사물에 대한 적응능력에 좌우됨을 보여준다.[2] 행복한 부부는 그들이 처해 있는 어려운 상황 속에서도 올바른 태도를 발견하는 법을 배운 사람들이다.

마리아와 요셉이 그들의 통제 밖에 있는 상황에 적응할 능력이 없었다면 크리스마스 이야기가 어떻게 쓰여졌을지를 잠시 상상해 보라. 우선, 요셉은 그의 약혼자 마리아가 임신했다는 사실에 적응해야 했다. 구약의 율법에 의하면, 그는 그녀를 돌로 쳐죽게 하든지 로마나 카르타고, 에베소 같은 먼 도시로 보내야만 했다. 그러나 그가 마리아와 파혼하기 전에, 하나님은 천사를 요셉에게 보내 마리아가 잉태한 것은 성령으로 된 것이며 예수라는 아들을 출산할 거라고 말씀해 주셨다. 그래서 마리아를 멀리 보내는 대신, 그는 마리아와 결혼하였다.[3]

결혼 첫해는 언제나 어렵겠지만, 요셉과 마리아 역시 몇 가지 특이한 어려움에 직면했다. 결혼한 지가 얼마나 되었건 간에 9개월간의 임신은 부부에게 엄청난 적응을 요구한다. 그리고 이것은 흔히 있는 임신이 아니었다. 임박한 출산에 대비하는 것 외에도, 마리아와 요셉은 그들의 가정을 세우고, 사업도 하며, 일주일 내내 함께 사는 법을 배워야 했다. 뿐만 아니라, 로마가 세금을 거두는 방편의 일환으로 그들은 사업체를 문닫고 베들레헴까지 여행하도록 강요되었다. 이것은 전혀 그들에게 필요한 여행이 아니었다!

어느 날 아침 일찍 마리아와 요셉은 나사렛 성문을 나가 베들레헴을 향해 떠났다. 그녀는 조그만 나귀를 타고 있었다(이것은 전혀 쉬운 여행이 아니었다. 어떤 여자들은 출산을 앞두고 고급승용차를 타는 것도 힘들어 하는데 나귀를 타고 가는 마리아를 생각해 보라). 요셉은 이미 만삭인 마리아가 어린 나귀에서 떨어지지 않도록 그 밧줄을 손목에 매고 그 큰 손으로 거머쥐었다. 밤이라고 오늘날처럼 어떤 모텔이나 여관에 머무른 것도 아니었다. 그들은 길을 가다가 머물러 서서, 임시 방편으로 음식을 해먹고, 딱딱한 땅에서 잠을 자는 등 어려운 상황에서 최선을 다해 적응하였다.

마침내 그들이 베들레헴 시내가 보이는 곳에 도착했을 때, 마리아가 멈추어 섰다. 그녀는 더 이상 한 발짝도 걸을 수가 없었다. 그녀가 남편을 바라보면서, "여보, 단 한 발짝도 더 걸을 수가 없어요. 나는 이 감람나무 밑에 앉아 있을 테니, 베들레헴 시내에 들어가서 힐튼 호텔에 방 하나 구해 줘요. 가능하면 호텔 전면에 있는 방을 구해요. 그래야 사람들이 왔다갔다하는 것을 보면서 룸 서비스도 받고 아기가 태어날 시간을 기다릴 수 있잖아요" 하고 말하는 것을 상상해 보자.

마리아는 집에서 멀리 떠나 왔고, 지칠 대로 지쳐 있었으며, 정서적으로도 고갈되어 쓰러지기 직전이었다. 또한 마리아는 요셉이 옆에 없을 때 진통이 시작되면 어쩌나 하고 걱정하고 있었을 것이다. 출산일이 임박해 있었기 때문이다. 그녀가 두리번거리며 요셉의 모습이 길 위에 나타나기만을 학수고대하고 있을 때, 그녀의 불안감은 더욱 가중되었을 것이다. 큰 길을 오가며 북적거리는 사람들은 그녀에게 아무런 관심도 보이지 않았다.

마침내 요셉이 돌아왔다. 요셉만의 그 특유한 미소는 사라지고, 어깨는 축 늘어진 채 말이다. 그녀는 남편의 말을 귀 기울여 들었다. "마리아, 내가 호텔에 가 봤는데 방이 하나도 없지 뭐예요. 대회에 참석하는 사람들로 만원이래요. 사실 중심도로를 따라 호텔과 모텔을 샅샅이 뒤졌는데 방이 하나도 없더라구요. 어떤 노인 한 분을 가까스로 설득해 그 집 헛간에서 가축들과 함께 유숙하기로 했어요. 그는 많은 요금을 요구하면서, 적어도 말똥은 전부 치우고 깨끗한 짚을 깔아준다고 약속했어요. 그래도 다행인 것은 우리 부부에게만 구유를 쓸 수 있게 해준댔어요."

마음이 무척 무거웠지만, 마리아와 요셉은 적어도 추운 바람이나마 피할 수 있는 안식처가 생겼다는 것에 감사하면서, 말구유로 향했다. 그날 밤 하나님의 아들이 태어났다.

마리아와 요셉이 그들의 통제 밖에 있는 상황에 적응할 수 있는 능력이 없었다면, 크리스마스 이야기가 어떻게 기록되었을까를 상상할 수 있겠는가?

행복한 결혼생활을 누리려면 지상의 모든 부부는 이 능력을 개발해야 한다. 삶은 예상치 않은 사건과 문제들로 가득 차 있다. 당신은 마리아와 요셉이 직면했던 어려움을 경험하지 않을지도 모른다. 그러나 당신은 나름대로 여러 가지 어려움에 부딪힐 것이다. 당신의 환경을 딛고 일어설 수 있는 능력이 없다면 결코 행복을 성취할 수 없다. 당신이 더 많은 성공과 아름다움과 지성과 건강과 부를 가진다 해도, 범사에 주어진 환경에 만족해하지 못한다면 불행한 삶을 피할 수 없다.

> 기쁜 소식이 있다. 당신의 태도만 바꾼다면 나쁜 소식이 기쁜 소식으로 바뀔 수 있다는 것이다.
>
> 로버트 슐러
> (Robert H. Schuller)

연습문제 ⑪

| 통제 밖의 상황에 적응하기 |

어려운 상황을 딛고 일어서는 것을 배우는 것은 당신이 배우자에게 줄 수 있는 최선의 선물이다. 워크북 연습문제 '통제 밖의 상황에 적응하기'는 당신과 배우자에게 상황이 힘겨워 보일 때에도 긍정적인 자세를 가질 수 있도록 도와줄 것이다.

행복한 결혼을 가로막는 장애물들

앞부분에서 우리는 행복한 부부들의 올바른 태도가 무엇인가를 보여주었다. 이제 결혼의 또 다른 측면, 즉 불행한 부부들의 잘못된 태도가 무엇인지를 보여주고자 한다. 당신이 배우자와 행복의 습관을 개발하기 원한다면, 자기연민과 책임전가와 원한을 품는 독소를 피해야 한다.

자기연민

너무나 많은 결혼이 자기연민 때문에 자기도 모르는 사이에 행복을 놓치게 된다. 한 사람만 경험하든 아니면 둘 다 경험하든, 자기연민은 관계에서 기쁨을 송두리째 앗아갈 수 있다. 튼튼하고 건강하게 시작한 결혼이라도 자기연민이 자라도록 내버려두면 절름발이가 되고 영원한 피해를 입을 수 있다.

어느 날 오후, 우리는 어떤 친구의 집을 찾아 갔다. 주차를 하고 차에서 내리기도 전에, 그들은 나와서 우리에게 인사를 했다. 그들은 서둘러 의례적인 인사를 마치고 새로 부임한 목회지와 관련해 자기연민에 쌓인 이야기를 털어놓기 시작했다.

"우리 교회는 말이 아니에요" 하고 릭(Rick)이 불평을 시작했다. "그들은 완전히 우리에게 잘못된 정보를 주었지 뭡니까. 우리는 교인이 우리처럼 교육수준이 높은 줄 알았어요. 그런데 대부분이 노동자들이지 뭐예요! 전임 목회자는 과도기에 있는 교회를 위해서 아무것도 한 일이 없어요. 교인들은 전혀 우리를 고맙게 여기지 않아요."

"그리고 사택을 한번 보시면 기가 막혀요." 잰(Jan)이 그들 뒤에 있는 아담한, 흰색 2층짜리 건물을 가리키면서 말했다. "집이 너무나 작아서 우리 짐의 반이나 들어갈 수 있을지 모르겠어요."

그날 저녁 함께한 시간도 더 나아지지 않았다. 이 젊은 목사 부부는 그들의 새로운 환경이 얼마나 형편없는가를 우리에게 알리기 위해 서로 앞다투어 이야기 보따리를 털어놓았다. 그리고 남편이 방에서 나갔을 때, 아내는 남편이 얼마나 자기를 걱정하는지, 또 남편이 자기들 결혼에 대하여 우리가 기도해 줄 것을 얼마나 바라는지를 말해 주었다. 자기연민의 독이 그들의 삶을 완전히 삼켜 버리고 있었다.

그날 저녁 늦게 집으로 돌아오면서, 우리는 그렇게도 자기연민에 빠진 그 부부에게 어떤 일이 일어날 것인지 염려스러웠다.

> 기쁨은 천국의 진지한 사업이다.
> C. S 루이스
> (C. S. Lewis)

우리는 그 결과를 알기 위하여 오래 기다릴 필요가 없었다. 1년도 채 못되어 릭은 교회를 사임하였고, 결혼은 뿌리째 흔들렸다. 둘은 다른 도시로 이사하여 새로운 시도를 해보았지만, 릭은 프리랜스 설교자로 생활을 유지할 수가 없었다. 마침내 결혼은 무너지고 말았다.

우리가 자신에게 가하는 자기연민의 고통은 친구들과 가족에게도 상처를 준다. 그런데 고통이 필요하지 않을 때에도 왜 우리는 계속해서 우리를 처벌하려는 것인가? 어려운 시절과 쓰라린 개인의 경험은 모든 부부생활의 한 단편이다. 그 어려움에 대한 자기연민은 아무에게도 도움이 되지 않는다. 사실, 자기연민의 짐을 져야 하는 배우자가 자기연민을 가진 또 한 사람의 짐까지 떠맡아야 한다는 것은 효과적이지 않다. 자기연민은 행복한 결혼이 감당하기 어려운 사치품이다.

책임전가

아담이 하와를 탓하고 하와가 뱀을 탓한 이후로, 부부들은 핑계를 찾고 책임을 전가해 왔다. 불행한 결혼을 보면 그 속에는 배우자를 탓하는 습관적인 성향이 뿌리박혀 있다.

예를 들어, 스튜어트(Stewart)는 고장난 오븐기의 라이트를 고치는 중에 드라이버를 찾을 수가 없었다. 그는 연장을 제자리에 놓지 않아 드라이버를 찾을 수 없다고 아내를 면박했다. "당신은 한 번도 연장을 제자리에 두는 적이 없어요. 그것 때문에 내가 얼마나 화가 나는지 알아요?"

아내 크리스티(Christy)가 대답했다. "나는 당신의 그 바보 같은 드라이버를 쓴 적이 없어요. 왜 당신은 항상 당신이 잘못한 것에 대해 나를 탓하는지 모르겠어요."

스튜어트는 종종 크리스티를 탓했다. 그녀가 공격하기에 쉬운 대상이었기 때문이다. 그리고 책임을 회피함으로써, 스튜어트는 자기 집안의 불행의 책임을 벗어 버렸다. 크리스티에게 책임이 있었고, 그녀가 문제였다. 크리스티는 그녀대로 남편의 잘못된 비난에 대해 공격을 취함으로 불을 지폈다. 그녀는 자기의 태도를 통제하는 대신에 남편에게 자신의 반응을 통제하도록 허용하였다.

많은 불행한 관계에서 보면, 부부 중 어느 하나는 결혼생활의 불행에 대하여 책임을 지는 희생양이다. 서로가 서로를 모든 어려움의 근원으로 보는 것이다. 그래서 탓하는 배우자는 "당신이 문제야" 하고 말한다. 그러나 그는 자기의 말에 동의할 결혼상담자를 찾기가 쉽지 않을 것이다. 전문가들은 어리석은 자들이 아니다. 그들은, 결혼의 불행은 결코 한 사람에 의해서 야기되는 것이 아님을 알고 있다. 그래서 결혼치료사들은 '누구의' 잘못인가를 찾기보다 '무엇이' 잘못되었는가에 초점을 맞춘다.

탓하는 것은 스튜어트와 크리스티의 경우처럼 거의 언제나 부부싸움으로 이어진다. 그러나 스튜어트는 상담을 통해서 자기 감정을 소유하고 탓하는 습관을 억제하는 것을 배웠다. 그리고 크리스티는 남편이 자기를 탓하지 않자, 맞대결 대신 문제해결에 자기 노력을 기울임으로써 보복을 피하는 방법을 배웠다.

크리스티가 스튜어트의 비난에 어떻게 다르게 반응하는가를 검토하면서, 상황을 한번 재연해 보자.

남편 드라이버가 어디 갔지? 당신은 항상 물건을 쓰고 나서는 제자리에 놓지 않는단 말이에요.

아내 (그가 또 나를 탓하고 있다. 나는 '당신의 바보같은 드라이버가 어떻게 됐는지 몰라요'라고 말하고 싶다. 그러나 그렇게 하면 말싸움을 할 것이고 둘 다 기분이 상하게 된다. 단순히 문제에 초점을 맞추는 것이 더 나을 것이다) 여보, 잠깐만, 당신이 지난 번에 그것을 쓴 적이 언제였죠?

남편   (화를 내는 데서 생각의 방향이 달라진 남편은 대답을 생각한다) 지난 주 이후로는 쓰지를 않았는데요.

아내   어젯밤 집 주변에서 무슨 일을 하지 않았어요?

남편   가만있자. 그래 맞아. 어젯밤에 내가 썼군요.

아내   어디서 썼는데요?

남편   모르겠는데 … 아, 지하실에서 썼어요.

아내   거기 가서 찾아보지 그래요?

 보통 그러하듯이, 스튜어트는 전날 밤에 일을 했던 지하실에서 드라이버를 찾았다. 되받아 공격하는 대신에 질문을 함으로써, 크리스티는 잠재적인 논쟁을 잠재우고 문제의 해결책을 찾을 수 있었다.

 책임전가는 극복될 수 있다. 그러나 부부가 습관적으로 탓하기 게임을 하여 이 습관이 오래 가면, 그들의 행복지수는 어쩔 수 없이 떨어지게 되어 있다. 결혼에 나타나는 모든 징조들(무관심, 짜증, 권태, 분노, 우울증 등)의 원인은 개인의 책임을 회피하는 데 있다. 만일 당신이 화가 난다면, 그것은 남편의 잘못이 아니라 당신의 선택 때문이다. 만일 당신이 우울하다면, 아내가 당신에게 무엇을 잘못해서 그런 것이 아니고, 당신이 우울하기로 선택했기 때문이다. 배우자를 탓하는 습관은 당신 자신의 태도에 대하여 책임을 지는 원리와 정면으로 대치된다.

> 그들은 할 수 있다고 생각하기 때문에 할 수 있다.
> — 버질 (Virgil)

원한

　부당한 대우를 받는 데서 제외된 사람은 없다. 우리는 모두 우리의 배우자를 포함해서 어떤 사람이나 상황에 대하여 느끼는 분노를 정당화한다. 그 사람이나 상황이 우리의 존재를 부당하고 복잡하게 만들었다는 것이다. 그러나 우리가 실망, 고통, 분노를 붙들고 늘어지게 되면, 그것은 다만 우리의 곤고함을 더 가중시킬 뿐이다. 이때 원한이 심각하게 작용하기 때문이다.

　원한은 관계를 유지하는 데 암적인 존재이다. 처음에는 알아볼 수 없을 정도로 조그마하던 것이 시간이 지나면서 더 커져 그 독은 관계 전체에 퍼지게 된다. 당신이 경험한 부당한 일을 반복해서 생각하면 생각할수록, 부정적인 감정의 홍수가 터져 상처를 더 아프게 한다. 그리고 나서 원한의 대상이 당신의 모든 불행의 원천임을 확신시켜 주는 사건이 연달아 일어난다. 다른 도전에 대한 생각에 몰두해 있을 때는 주춤하다가, 조만간 감정의 뜸을 들이는 때가 돌아오며, 원한의 암세포는 산불처럼 번져 간다.

　원한은 배우자 아닌 다른 사람을 향한 것이라 할지라도 언제나 결혼에 해로운 것이다.[4] 우리는 여러 부부를 상담했는데, 부부 중 한 사람이, 부모가 돌아가신 여러 해 후에도 부모에게 원한을 품고 있는 경우를 많이 보았다.

　서른한 살에 한 번 이혼 경력이 있는 재니스(Janice)가 상담을 위해 우리 사무실에 찾아왔다. 우리가 채 인사를 나누기도 전에, 그녀는 우리가 오랫동안 들어 보지 못했던 섬뜩한 말들을 쏟아놓기 시작했다. "우리 아버지는 대단한 위선자입니다." 그녀는 큰소리로 말했다. "물론 그는 어느 누구보다 교회에 더 많은 돈을 냅니다. 그러나 그것은 그들보다 돈이 더 많기 때문이지요. 그러나 엄마와 나에게는 지독한 구두쇠랍니다."

재니스는 계속해서 자기가 겪었던 모든 나쁜 경험에 대하여 아버지를 탓하였다. 3년 만에 끝난 결혼생활도 아버지 때문이었다. 그녀의 아버지에 대한 원한이 결혼의 파괴를 부채질했다. 그러나 그녀는 자신의 원한을 문제로 보는 대신에, 아직도 아버지를 탓하는 데 초점을 맞추었다. 아버지가 자신과 어린 딸의 생계를 도와주고 대학을 마칠 수 있도록 등록금을 대주는데도, 그녀는 자기가 처해 있는 곤경이 모두 아버지 책임이라고 탓했다.

우리는 재니스와 몇 주 동안 만났다. 어느 시점에서 나(레슬리)는 말했다. "재니스, 아버지를 용서하는 것보다는 그를 탓하고 원한을 살려 두는 것이 더 쉽다는 느낌이 들어요. 아버지를 용서하면, 당신의 행동에 대한 결과가 그에게서 당신 자신에게로 옮겨지잖아요. 그건 무서운 일이지요."

> 만일 당신이 사람들에게 완전함을 기대한다면, 당신의 생애는 실망과 불평과 불만의 연속이 될 것이다.
>
> 브루스 바톤
> (Bruce Barton)
>
> 하나님은 완전한 여자를 찾을 때까지 결혼하지 않는 남자를 도와주신다. 그리고 하나님은 그가 그런 여자를 찾으면 그를 더욱더 도와주신다.
>
> 벤자민 틸레트
> (Benjamin Tillett)

결국, 그녀는 아버지를 용서하기 위해 솔직한 노력을 기울였다. 용서의 기도를 하고, 자기 행동에 대해 스스로 책임을 졌다. 그녀는 재혼을 했고, 비록 기적적이고 즉

각적인 변화가 일어나지는 않았지만, 그녀는 자기 문제로 인해 아버지를 탓하는 습관으로 돌아가지는 않았다.

행복한 결혼은 원한이라는 암을 이겨내지 못한다. 자기연민과 책임전가처럼, 원한은 인간의 영을 갉아먹고 기쁨을 누릴 수 있는 능력을 앗아 간다. 그러나 이들 독소가 제거되면 부부가 오래오래 행복하게 살지 못할 이유가 없지 않은가?

부부는 정말 평생을 행복하게 살 수 있는가?

결혼을 앞두고 있는 모든 커플은 인정하든 안하든 간에, 함께할 '완전한' 생활을 꿈꾼다. 자기를 이해해 주고, 좋아하고 싫어하는 것을 공유하며, 자기와 그처럼 잘 어울리는 짝을 만난 것 때문에 결혼식날 '나는 엄청난 행운아'라고 느꼈다고 말하는 신혼부부를 우리는 여러 커플 만났다.

그러나 아무리 이상적이고 천생연분이라 해도 어느 시점에 가면, 모든 남편과 아내는 그들의 만남이 완전한 만남이 아님을 깨닫게 된다. 그들은 항상 동의하는 것이 아니며, 똑같은 방식으로 생각하고 느끼며 행동하는 것이 아니고, 두 성격을 조화시키는 것이나 기호와 배경을 조화시키는 것이 그들이 기대했던 것보다 더 어렵다는 것을 인식하게 된다. 그들의 비눗방울은 터져 버리고 내내 행복하게 살리라는 희망을 거두게 된다.

그러나 하나의 대안이 있다.

결혼은 결코 완전할 수가 없다. 사람들이 완전하지 않기 때문이다. 모든 신부와 신랑은 인간이기 때문에 장점과 단점을 동시에 지니고 있다. 우리는 우울할 때, 화날 때, 이기적일 때, 비합리적일 때가 있다. 우리는 너그럽고 이타적인 성향과 이기적인 목표를 추구하고, 사소한 허영과 야망을 함께 지니고 있는 혼합체라고 할 수 있다. 우리는 사랑과 용기를 이기심과 두려움에 연합시킨다. 결혼은 금과 주석의 합금이다. 우리가 이것 이상을 기대하면, 우리는 실망의 벽에 부딪히게 되어 있다.

자, 그러면 어떻게 부부가 평생을 행복하게 살 수 있는가? 외부 조건에 의존하지 않으면 가능하다. 너무나 많은 사람들이 결혼을 복권이라도 당첨되는 것인 양 생각한다. 그들은 운이 좋아서 이제 재미있고 흥미진진한 경험을 할 수 있으리라고 기대하는 것이다. 이제 그들은 사랑을 받고 인정을 받을 것이다. 이제 그들은 보람과 만족을 느낄 것이다.

그러나 결혼은 복권이 당첨되는 것과는 다르다. 적어도 우리가 생각하는 것과는 다르다는 말이다. 예상치 않은 현금 다발이 분명히 당신을 행복하게 만들어 줄 것이다. 그러나 그것은 잠깐뿐이다. 연구원들은 노력이 투자되지 않고 임의적으로 일어나는 사건(운이 좋은 것)은 장기적인 행복을 창출하지 못한다는 것을 발견하였다. 당신은 어떤 성취감, 통제감, 당신 때문에 좋은 일이 일어났다는 느낌을 필요로 한다.[5]

내내 행복하게 사는 것은 당신이 그렇게 만들 때 가능하다. 당신이 인격체로서 가지고 온 좋고 나쁜 결혼의 원자재를 취하여 영속적인 유대를 설계하고 창조하며 건설할 때, 지속되고 의미 있는 순수한 보람과 행복이 따르게 된다. 반면에 결혼의 마술이 당신을 행복하게 만들어 주리라고 기대하면, 그 관계는 당신을 외로운 사람, 상처투성이, 실패한 사람, 절망해 체념한 사람으로 만들 것이다.

　행복이라는 습관은 내면적인 일이다. 당신이 상황이 좋지 않은데도 올바른 태도를 갖는다면, 당신의 마음을 긍정적인 자극으로 프로그램한다면, 당신이 통제할 수 없는 상황에 적응한다면 늘 행복하게 사는 것이 불가능한 것만은 아니다.

묵상을 위하여

- 최근 몇 년간, 행복을 결혼의 주목적으로 생각하는 사람들이 점점 더 늘어 가고 있다. 당신의 생각은 어떠한가?
- 결혼서약을 보면 '아플 때나 건강할 때나 배우자를 사랑하고 아낀다'는 내용이 들어 있다. 어떻게 상황이 좋지 않을 때에도 행복의 습관을 개발할 수 있는가?
- 당신은 어려운 환경을 딛고 일어서 행복하기로 선택한 경험 몇 가지를 당신의 삶에서 생각해 낼 수 있는가? 무엇이 당신으로 하여금 이런 선택을 하지 못하도록 만드는가?
- 연구원들은 설문조사를 통해서 자신의 결혼을 '매우 행복하다'고 평가하는 사람들은 인생 전체를 '매우 행복하다'고 평가한다는 것을 발견하였다. 당신은 행복이라는 습관을 증진시키는 것에 대하여 어떻게 생각하는가?
- 우리가 태어난 문화와 가정 환경이 우리 태도에 상당한 영향을 미치는 것이 사실이지만, 우리는 삶의 도전에 어떻게 대처하느냐에 대하여 궁극적으로 책임이 있다. 1에서 10까지의 연속선상에서 생각한다면, 당신은 이 말에 어느 정도 동의하는가?

> 말은 잘했는데 틀린 것으로 드러날 때
> 보통 기분 나쁜 것이 아니다
>
> 소포클레스(Sophocles)

네번째 질문
당신은 뜻하는 바를 말하고,
상대방의 말을 들을 때 이해할 수 있는가?

"여보, 어떻게 생각해요?" 레슬리는 우리의 작은 아파트 거실에서, 새로 산 드레스를 보여주기 위해 빙빙 돌고 있었다. 우리가 결혼한 지 채 일 주일도 안되었을 때의 일이다.

"좋아요." 나는 대답했다. "당신 나갈 준비는 다 했어요? 배고파 죽겠어요."

"'좋다, 배고파 죽겠다.' 그게 전부예요?" 레슬리는 나에게 이 건성으로 던지는 질문을 굳이 할 필요가 없었다. 나는 이미 그녀의 얼굴에서 모든 것을 읽을 수 있었기 때문이다.

"뭐 잘못된 거 있어요?" 나는 물었다(나의 예민한 판단력이 막 살아나고 있었다).

"아뇨."

"자, 그러면 갑시다."

"기다려요. 옷 갈아입을 테니까." 레슬리가 말했다.

"왜 그래요? 당신 괜찮은데."

5분 후 나는 침실에서 우는 소리를 들을 수 있었다.

'그것 참 이상하다' 하고 나는 생각했다. 나는 방으로 가서 문을 열었다. 불은 꺼져 있었다. 레슬리는 침대 모퉁이에 웅크리고 앉아서 울고 있었다.

"무슨 일이에요?" 나는 소리를 질렀다.

"아무 일도 아네요."

"당신 괜찮아요?"

"네."

"그런데 왜 울고 있어요?"

아무런 반응이 없었다.

침묵이 흐르는 가운데 우리는 지금 일어난 일에 대해 도대체 뭐가 뭔지 몰라 의아해 하고 있었다. 나는 당황했다. 레슬리는 상처를 받았다. 그러나 왜, 무엇 때문인가?

우리의 결혼 첫 주에 있었던 이 조그만 사건은 우리가 같은 언어를 사용하지 않고 있다는 신호였다. 아니면, 우리는 적어도 같은 언어를 사용하지 않는 것처럼 보였다.

부부들은 그들이 결혼에서 부딪히는 첫째 문제는 '의사소통의 단절'이라고 말한다. 그럴 만한 충분한 이유가 있다. 결혼이 침수하느냐 수영하느냐 하는 문제는 부부가 메시지를 얼마나 잘 보내고 받느냐 그리고 그들이 얼마나 뜻하는 바를 잘 말하고 듣는 바를 잘 이해하느냐 하는 것이다. 의사소통은 관계의 친밀감을 증대시키거나 반대로 거리감을 넓혀 관계를 끝내게 만들 수도 있다.

대화기술을 향상시키기에 가장 좋은 때는 만사가 잘 진행되는 결혼 초기 단계이다. 약혼한 커플과 결혼한 지 6년 된 부부를 대상으로 얼마나 의사소통을 잘 하는가 하는 주제를 가지고 비교 조사한 결과, 일찍 대화기술을 배울수록 결혼의 성공가능성은 커진다는 사실을 보여주고 있다.[1] 몇 가지 간단한 원리를 이해하여 잘 실천하면 침수될 결혼도 수영하는 결혼으로 변모할 수 있다.

이 장의 목적은 당신을 보다 이해하는 사람으로 만들고 이해받을 수 있도록 도와주려는 것이다. 우리는 의사소통을 배울 필요성에 대하여 강조함으로써 시작할 것이다. 다음으로 우리는 대화가 실패하는 가장 흔한 원인들을 살펴보고, 효과적인 의사소통의 기초를 제시할 것이다. 그런 후, 가장 효과적이며 입증된 결혼생활에서 지켜야 할 대화 규칙을 몇 가지 제시함으로 이 장을 마무리하고자 한다.

왜 의사소통하는 법을 배워야 하는가?

우리는 결함이 있는 의사소통 라인이 튼튼해 보이는 결혼을 무너뜨리는 것을 수없이 보아 왔다. 두 사람은 서로의 관계에서 자신이 원하고 필요로 하는 것을 전달하려고 애를 쓴다. 그런데 그들은 상대방이 이해하지 못하는 언어로 말하고 있다는 것을 깨닫지 못한다. 실망한 부부는 경계심을 품고 피차에게 방어벽을 쌓는다. 그들은 서로에게 마음 털어놓기를 중단하고 자신의 일부를 가려 벽을 쌓고 그 결과, 감정적 관계는 멀어진다. 그들은 말을 할 때마다 남의 탓을 한다. 따라서 경청할 줄을 모른다. 한 배우자가 떠나 별거를 하기도 하지만, 만일 둘이 함께 머문다면 감정적인 이혼상태에서 동거하는 것이다.

> 오해된 진리보다 더 큰 거짓말은 없다.
> 윌리엄 제임스
> (William James)

나는 결혼생활에서 대화의 중요성을 아무리 강조해도 지나치지 않다고 생각한다. 최근 여론조사에서, 의사소통이 부족하다고 응답한 사람들 56%에 비해 배우자와의 의사소통이 '탁월하다'고 평가한 부부들은 거의(97%)가 행복한 결혼생활을 하고 있는 것으로 나타났다. 여론조사는 다음과 같은 결론을 내리고 있다. "결혼이 점점 더 깨지기 쉬운 시대에, 부부의 의사소통 능력은 안정되고 만족스러운 결혼에 가장 중요한 기여자가 되고 있다."[2]

의사소통, 즉 대화는 결혼의 혈관과도 같다. 대화에 어려움을 겪는다는 것은 만족스런 결혼과는 거리가 멀다. 사실 당신이 배울 수 있는 가장 중요한 기술은 배우자가 경청할 수 있도록 말하는 법과 잘 경청하는 법을 배워 배우자가 말할 수 있게 하는 것이다.

아마 당신은 대화하는 법을 알고 있다고 생각할 것이다. 우리가 상담하는 대부분의 약혼한 커플들처럼, 당신은 "우리는 지금 사랑하고 있습니다. 따라서 우리는 무엇에 대해서든 말할 수 있어요"라고 말할 것이다. 그러나 당신의 배우자가 당신과는 다른 대화규칙을 따라 생활하고 있다는 것을 알고 있는가? 모든 사람은 그 나름대로의 '의사소통 규칙'을 가지고 성장한다. 그리고 결혼은 서로 다른 규칙을 가지고 있는 두 사람에게 규칙을 재조정하도록 강요한다.

예를 들어, 로버트(Robert)와 멜리사(Melissa)는 사랑에 완전히 빠져 있었다. 그들은 결혼하기 전에 밤 늦게까지 몇 시간씩 전화를 주고 받았다. 그러나 그들은 곧 의사소통이 쉽지 않다는 것을 알게 되었다. 멜리사는 우리에게 말했다. "로버트는 결혼하기 직전에 우리 가족이 모인 자리에 왔는데, 거의 말이 없었어요. 누가 이야기 중에 끼어 들면 로버트는 입을 닫아 버렸어요. 이해가 가지 않았어요. 미칠 것 같더라구요."

"이 집안의 문화를 이해하고 따라가는 데 시간이 걸렸습니다." 로버트가 우리에게 말했다. "멜리사의 가족에게는 끼어 드는 것이 참여의 신호였습니다. 경청하고 있다는 뜻이었는데, 그것이 내게는 낯설었습니다. 우리 집에서는 먼저 말한 사람의 순서가 끝나기를 기다렸다가 반응하거든요. 멜리사는 우리 가족이 매우 지루하고 딱딱하다고 생각하는데 나는 잘 이해할 수가 없었어요."

새로운 대화규칙에 대하여 배우고 몇 가지 오래된 규칙을 조정한 다음에 멜리사는 말했다. "옳고 그른 대화 스타일이 있는 것이 아니고, 또 다른 스타일이 있다는 것을 깨닫게 되었습니다. 우리에게 큰 도움이 되었어요."

로버트와 멜리사는 결혼 초기에 문제가 일어나기도 전에 많은 잠재적인 문제를 해소할 수 있었다. 당신도 그렇게 할 수 있다. 다음으로 우리는 의사소통이 빗나가는 것이 얼마나 쉬운가를 살펴보고자 한다.

연습문제 ⑫

| 당신은 의사소통을 얼마나 잘하고 있는가? |

모든 남편과 아내 사이에는 의사소통의 장애가 존재한다. 워크북 연습문제 '당신은 의사소통을 얼마나 잘하고 있는가?'는 당신과 배우자로 하여금 잠재적 장벽을 구별하여 극복할 수 있도록 도와줄 것이다.

이렇게 대화하지 말라

만화의 한 장면이다. 기분이 언짢은 남편이 신문을 읽고 있고, 속상한 아내는 팔짱을 끼고 그 앞에 서 있다. "내가 스포츠면을 읽

> 올바른 장소에서 바른 말을 하는 것도 어렵지만, 더욱 어려운 것은 그릇된 말을 하고 싶을 때 이를 참고 침묵하는 것이다.
>
> 조지 사라
> (George Sala)

을 때조차도 결혼생활을 유지하기 위해 아내와 얘기를 나눠야 합니까?" 남편의 말이다. 그의 반응은 불행한 배우자가 하는 가장 흔한 불평을 지적하고 있다. "저 사람은 나에게 말을 안 해요."

언제든지 결혼이 무너질 때 보면, 배우자는 "우리는 대화가 안 통해요" 또는 "우리는 더 이상 말을 안 한답니다" 하고 결론을 내린다. 그들은 말하지 못하는 것이 문제의 원인이라고 믿는다. 사실 말하지 않는 것은 의사소통의 결여가 아니고 부정적인 메시지를 과잉으로 보내는 의사소통의 한 형태이다. 침묵은 강력한 의사소통 방식이다. 로렌스 포스트(Laurens Van der Post)의 소설 『불 옆의 얼굴』(*The Face Beside the Fire*)은 한 여인과 그녀가 사랑하기를 중단한 남편의 이야기를 담고 있다. "그녀는 서서히 알버트(Albert)를 독살하고 있었다. 독은 어떤 화학자의 책 속에 있는 것이 아니었다. 그것은 그녀가 한번도 사용하지 않는 섬세하고 부드러운 말, 사소한 말, 작은 애정의 표시 등으로 조합된 언어의 독이었다. 그녀가 참으로 그를 사랑했더라면 표현하였을 말들이었다."[3]

침묵은 아무리 강력하다 해도 부족한 의사소통의 원인이 아니다. 고통에 대한 두려움이 의사소통을 안하는 원인이다. 쾌락을 추구하고 고통을 피하는 것은 기본적인 인간의 본성이다. 그러나 사람들은 실제로 고통을 먼저 피하고 그 다음에 쾌락을 찾는다.

이 말은 의사소통의 단절을 이해하는 데 있어 아주 중요한 부분이다. 대부분 의사소통의 단절은 우리가 부족함이나 상처, 두려움을 느끼는 감정적 고통을 간절히 피하고 싶을 때 일어나기 때문이다. 이와 같은 고통을 줄 만한 환경에서 의사소통은 실패하게 마련이다. 우리가 부족함을 느낄 때에는 "당신이 진정으로 내가 어떤 사람이라는 것을 안다면, 나를 좋아하지 않을 거요" 하고 말하게 된다. 우리가 상처받기 쉬울 때에는 "내 진짜 기분이 어떤지를 말한다면, 당신은 나에게 상처를 줄 거요" 하고 말한다. 두려울 때는 "만일 내가 나의 분노를 표현한다면, 그것이 당신을 파괴해 버릴 거요" 또는 "내 기분이 어떤지를 말하 면, 당신은 화가 날 거요"라는 말로 의사소통을 할 것이다.

가족치료사인 버지니아 사티어(Virginia Satir)는 우리가 위협받는다고 느낄 때 일어나는 네 가지 잘못된 대화 스타일에 대해 말한다. 그것은 회유형, 비난형, 계산형, 주의산만형이다.[4] 각 대화 스타일은 잠재적 고통에 대한 역기능적 반응이며, 파트너가 우리에게 들려주기 원하는 것을 이해하려는 시도를 좌절시킨다.

회유형

회유자는 고마워하고 아첨하고 빌고 자책하며 무조건 '예'라고 말하는 남자나 여자이다. 회유자는 "당신이 원하는 것은 무엇이든지 좋습니다. 내 생각은 마십시오. 나는 아무래도 좋습니다"와 같은 말을 한다. 그들은 어떤 대가를 지불하고서라도 화평을 유지하려 한다. 그리고 그들이 지불하는 대가는 무가치감(無價値感)이다. 그들의 내면에는 '나는 아무것도 아니다. 당신이 없으면 나는 죽은 목숨이다. 나는 가치없는 존재이다'라는 감정이 깔려 있다. 회유자는 분노를 표현하는 데 어려움을 겪으며, 너무 많은 감정을 억압하고 있어 우울증이나 질병에 걸리는 성향이 있다. 회유자는 반대의견을 말하고 동의하지 않아도 괜찮다는 것을 알 필요가 있다.

비난형

　비난자는 사정없이 비판하고 일반화시켜서 말하기를 좋아하는, 흠잡는 사람이다. "당신은 제대로 하는 일이 하나도 없어." "당신은 꼭 당신 어머니와 같아." 비난자는 내면적으로 무가치하고 사랑스럽지 않게 느낀다. 그는 고독하며 실패자라고 느낀다. 자기가 원하는 것을 얻지 못하리라는 예상을 하고 화가 나 있는 사람이다. 비난자는 문제가 주어지면 최선의 방어가 좋은 공격이라고 느낀다. 그들은 고통과 두려움을 다루거나 표현할 능력이 없기 때문이다. 비난자는 다른 사람을 고발하거나 비난하지 않으면서 자신에 대해 말할 수 있어야 한다.

계산형

　컴퓨터 같은 이 사람은 초이성적이고, 침착하며, 결코 실수를 시인하지 않으면서 사람들이 순종하고 따라와 주기를 기대한다. 계산형의 사람은 "화났다구요? 나는 화나지 않았어요. 내가 화났다고 말하는 당신은 누구요?" 하고 말한다. 그는 감정은 두려워하면서 사실과 통계는 좋아한다. "나는 감정을 드러내지 않아요. 그리고 다른 사람의 감정에도 관심이 없어요." 계산형에게는 그들이 구체적인 사안에 대하여 어떻게 느끼는지를 물어줄 사람이 필요하다.

산만형

산만형은 직접적인 눈의 마주침과 직접적인 대답을 피하고, 스트레스를 받을 때 엉뚱한 주제로 관심을 돌린다. 재빠르게 주제를 바꾸는 그는 "문제가 뭐예요? 쇼핑이나 갑시다" 하고 말한다. 문제에 직면하자면 싸움이 일어날 수도 있다. 그것은 위험한 일일 수도 있다. 산만형은 자신이 안전하며, 설 자리가 없는 무능한 사람이 아니라는 것과 문제는 해결될 수 있고 갈등은 해소될 수 있다는 것을 알 필요가 있다.

다음 번에 당신이 배우자와 이야기할 때, 회유하거나 비난하거나, 계산하거나 주의를 산만하게 하는 자신을 발견하면, 당신은 아마 무엇엔가 상처를 받았거나 스트레스를 받았을지 모른다는 것을 기억하라. 또한 당신의 파트너가 이런 잘못된 대화 스타일을 고집하고 있다면, 당신은 그 배후에 있는 문제의 근원에 민감하게 대처함으로 그의 긴장을 풀어줄 수가 있을 것이다. 중요한 것은 두 사람 모두가 안전하게 대화할 수 있는 길을 찾는 것이다. 그리고 이것은 효과적인 의사소통을 위한 견고한 기초를 놓음으로써 가능하다.

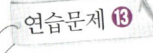

| 매일 온도 측정하기 |

당신이 진정으로 의도하는 바를 배우자가 듣고 알 수 있게 하기 위해 당신은 어떤 방식으로 말할 수 있는가? 워크북 연습문제 '매일 온도 측정하기'는 당신과 배우자가 정확히 이해하게끔 메시지를 주고 받도록 도와줄 것이다.

성공적인 의사소통의 기초

행복한 부부들은 의사소통에 있어 어려움을 느끼는 경우가 별로 없다. 그들은 어려운 주제에 대해서도 쉽게 대화할 수 있다. 그들은 서로 이해한다고 느끼며, 서로에게 숨기거나 감추는 일이 거의 없다. 그리고 이들은 자신의 능력으로 갈등을 해소한다. 그들의 비결은 어떤 의사소통 '규칙' 목록이 아니다. 그 비결은 이것이다. 좋은 의사소통은 먼저 당신이 어떤 사람이냐에 기초하여 이루어지고, 그 후에 당신이 무엇을 하느냐에 달린 문제이다. 그들은 의사소통 기술을 연습하기 전에, 자기들이 어떤 사람이냐 하는 문제에 먼저 신경을 쓴다.

당신은 좋은 글이나 책을 읽고, 워크숍에 참여하고, 대화기술(skills)을 가르쳐 주는 상담자를 만날 수 있다. 그렇지만 당신이 파트너로서 가지고 있는 인격적 특성에 먼저 초점을 맞추지 않으면, 당신의 노력은 별로 효과가 없을 것이다. 풍요로운 의사소통과 견고하고 튼튼한 결혼을 가꿔나가기 위해서는 따듯함, 순수함, 공감이라는 세 가지 인격적 특성이 필요하다.

따듯함

당신의 파트너, 어떤 것은 알려지고 아직도 발견해야 할 것이 많은 파트너, 그가 받아들이기 어려운 여러 특성들을 지닌 채 당신에게 다가왔다. 그러나 어쨌든 당신은 배우자로서 그를 수용하고 받아주기로 선택하였다. 당신은 그의 불결한 입냄새와 결점과 괴상한 행동과 기이한 성향에도 불구하고 배우자를 포용하기로 결심했다. 이것이 바로 개인적 따듯함이다. 후의 아름다움을 위하여 결점을 간과하는 것이다.

개인적 따듯함의 열쇠는 수용이다. 변화를 평가하거나 요구하는 대신에, 사랑하는 사람의 생각과 감정과 행동을 있는 그대로 수용하는 것이다.

아내 레슬리에게 자신을 있는 그대로 받아들이도록 하는 데는 오랜 시간이 걸렸다. 레슬리에게는 언제 어디서든지 장미를 발견하면 향기를 맡는 취미가 있다. 아내는 잡무가 좀 뒤로 미루어진다 해도 장미 향기를 맡는다. 그러나 나에게는 장애물을 제거하고 일을 빨리 성사시키는 은사가 있다. 결혼 초, 나는 아내를 나의 일하는 방식으로 바꿔야 한다는 소명을 받았다고 생각했다. 하지만 나의 선교사와도 같은 노력은 우리 모두를 비참하게 만들었다. 내가 먼저 따듯함의 길을 배우고 그녀의 존재 자체를 수용하게 되었을 때, 우리는 훨씬 더 재미있고 행복한 동반자 관계를 누릴 수 있게 되었다.

따듯함이란 배우자의 행동을 무조건 인정하는 것도, 억지 감정으로 숨 막히게 하는 감상도 아니다. 따듯함은 배우자로 하여금 그 자신이 되게 하며, 긴장을 풀고, 자유하며 화평하게 한다. 따듯함은 상대방의 자신감을 북돋워 주며, 상대방의 성격을 당신이 원하는 방향으로 변형시키려 노력하지 않게 한다.

무조건적 따듯함은 또한 당신의 결혼 정신 속에 하나님의 은혜를 초대한다. 파트너가 현재 자신의 모습으로 인해 당신에게 정죄 받지 않는다고 확신했을 때, 어떠한 판단도 자신에게 상처를 입히지 않는다는 것을 확신했을 때, 하나님의 은혜는 당신의 관계 속에 깊이 파고드신다. 결국 당신의 파트너는 당신의 인정을 받기 위해 끊임없이 보채고 방황하는 건전치 못한 모습을 중단하게 된다.

순수함

당신의 배우자는 가짜를 집어내고, 조작된 감정과 마음에 없는 의도를 표현도 하기 전에 집어내는 자체 레이다 탐지기를 가지고 있다. 당신의 배우자는 당신이 순수하지 않으면 당신을 신뢰하지 않는다. 결혼에서 순수함이 없다면, 다른 것은 별로 의미가 없다.

순수함은 어떻게 표현되는가? 말로 표현되는 것이 아니다. 당신이 배우자에게 무엇을 말하느냐는 어떻게 그 말을 하느냐 하는 것보다 훨씬 덜 중요하다. 즉 미소를 머금고, 어깨를 움츠리고, 인상을 찌푸리고, 뚫어져라 얼굴을 쳐다보는 등 말하는 방법이 대화 내용보다 더 중요하다. 한 예를 들면 비언어적 의사소통(몸짓 등)은 메시지 전달에서 58%를 차지하고, 말투는 메시지의 35%를 차지하며, 당신이 실제로 말하는 내용은 전체 메시지의 7%밖에 차지하지 않는다.

순수함은 당신의 말투와 비언어적 행동, 당신의 눈과 자세를 통해 드러난다. 그리고 연구 결과는 남편과 아내들이 배우자의 비언어적 의사소통을 가장 정확하게 풀이하는 해석자임을 보여준다.[5] 당신을 아는 사람은 당신의 얼굴표정의 변화를 눈치채지 못해도, 배우자는 그것을 알아챈다.

결혼하고 나서 나는 완전한 아내가 되고 싶었다. 그래서 완전한 아내가 할 만한 생각과 감정과 행동을 하려고 부단히 노력했다. 그러나 완전함은커녕 공허감만을 느꼈다. 나 자신이 되기보다는 단지 하나의 역할을 수행하고 있었다. 다행스럽게도, 유능한 상담자 한 분이 이렇게 지적하였다. "레슬리, 당신은 '나는 무엇을 느끼고 있는가?' 하는 질문보다 '나는 무엇을 느껴야 하는가?' 하는 질문에 더 많은 관심을 쏟고 있어요." 그 말은 나에게 큰 도움이 되었다. 그의 말이 맞았다. 나는 결혼생활에서 가장 필요한 것은 완전한 배우자가 아니라 순수한 나 자신을 보여주는 것임을 깨달았다.

당신은 배우자에게 사랑을 퍼부을 수 있다. 그러나 진실되지 않다면 그 사랑은 공허한 것이다. 당신이 세상의 모든 의사소통 기술을 사용한다 해도, 당신이 순수하지 않으면 아무런 효험이 없다. 진실함은 당신이 무엇을 하느냐의 문제가 아니라, 당신이 어떤 사람이냐 하는 문제이다. 진실함은 손이 아니라 마음에서 오는 것이다.

공감

당신 배우자의 발가락을 밟지 않는 가장 좋은 방법은 당신의 발을 그의 신발 속에 넣는 것이다. 이것을 공감이라 하는데, 세상을 상대방의 관점에서 보는 것이다.

몇 년 전, 초등학교 교사들을 위한 훈련세미나를 인도하고 있을 때였다. 3학년 학생들의 세계를 더 잘 이해시키기 위해서, 나(레스)는 그들에게 무릎으로 교실을 걸어 다니는 과제를 내주었다. "나는 언제나 학생들이 나처럼 교실을 보고 있다고 생각했습니다. 그런데 그들의 관점에서 보니까 교실이 너무나 다르게 보입니다." 과제를 마친 한 교사가 말했다.

마찬가지로 우리 배우자가 우리가 경험하는 것을 알고 있다고 가정하면 우리 역시 결혼에서 같은 오류를 범하고 있는 셈이다.

배우자는 우리가 경험하는 세계를 알지 못한다. 모든 사람은 자기만의 독특한 통찰과 인식의 결합을 통해 인생을 해석한다. 우리에게 보이는 삶은 배우자에게 보이는 삶과 다를 수 있다. 그러나 우리는 배우자가 우리와 똑같은 시각으로 인생을 본다고 가정하려는 성향이 있다. 사실 우리는 그들이 경험하는 세계에 우리의 마음과 이성을 가지고 들어가 본 다음에라야 그들을 정확하게 이해할 수 있다.

같은 렌즈를 통해서 인생을 보는 것은 자신에게 두 가지 질문을 던진다. 첫째, 배우자는 이 상황, 문제, 사건을 어떻게 보며 어떤 기분일까? 둘째, 배우자의 인식은 나와 어떻게 다른가?

> 무릇 더러운 말은 너희 입 밖에도 내지 말고 오직 덕을 세우는 데 소용되는 대로 선한 말을 하여 듣는 자들에게 은혜를 끼치게 하라.
> 에베소서 4:29

공감은 튼튼한 결혼을 건축하는 데 있어 가장 어려운 일일 것이다. 우리들 대부분은 이성이나 마음을 사용하는 것이 습관화되었기 때문에(둘 중 하나를 더 사용한다), 공감을 하려면 의식적인 노력이 필요하다. 레스는 그의 책 『사랑의 보이지 않는 적』(*Love's Unseen Enemy*)에서 마음으로만 사랑하는 것은 동정으로 끝나지만, 이성으로만 사랑하는 것은 단순히 분석으로 끝난다고 설명한 적이 있다. 그러나 공감은 파트너를 충분히 이해하기 위해서, 마음과 이성을, 동정심과 분석력을 함께 동원한다. 공감은 이렇게 말하는 것이다. "만일 내가 당신이라면, 나도 당신처럼 행동할 겁니다. 나는 왜 당신이 그런 기분인지 이해합니다."

공감은 언제나 위험부담을 안고 있다. 그러므로 미리 알고 있는 것이 좋다. 파트너의 상처와 소망을 정확하게 이해하면 당신은 변화될 수밖에 없다. 그러나 그런 모험에 따르는 혜택은 불이익을 훨씬 능가한다. 당신이 그의 기분을 의식적으로 느끼고 그의 시각을 이해하게 되면 당신은 세상을 다르게 보게 될 것이다.

의사소통은 당신이 어떤 사람이냐에 기초한다. 당신은 따듯하고 순수하며 공감적인 사람이 되어야 한다. 그러나 이 세 가지 특성이 효과적인 의사소통에 중요하긴 하지만, 그 자체가 성공을 보증하는 것은 아니다. 몇 가지 간단한 '규칙'이 필요하다.

성공적인 의사소통을 위한 '규칙들'

모든 중요한 의사소통의 연장은 다섯 가지 기본 기술로 축소될 수 있다. 당신이 이 기술을 배워서 사용하면, 배우자에게 더 많은 사랑을 줄 수 있을 것이다. 그리고 당신의 결혼은 긍정적인 에너지로 흘러넘치게 될 것이다.

다섯 가지 기술이란 다음과 같다.

① '나' 진술문으로 말하고, '너' 진술문으로 말하지 말라.
② 사려 깊게 듣는 연습을 하라.
③ 남자와 여자의 차이를 이해하고 수용하라.
④ 필요할 때는 사과하고 용서를 빌라.
⑤ 만져줌으로 의사소통을 하라.

'나' 진술문으로 말하고, '너' 진술문으로 말하지 말라

배우자에게 화가 나거나 그에게 상처를 받았을 때, 당신의 자연스런 성향은 상대를 공격하는 것이다. "당신 때문에 미치겠어요. 당신은 중요한 것을 결정할 때 한 번도 내 의견을 물어보는 경우가 없어요."

이와 같은 '너'(당신) 진술문은 둘 간의 관계에 벽을 쌓는다. 배우자는 비난을 받고, 비판을 받았다고 느낄 수밖에 없다. 배우자가 "그래, 당신 말이 맞아요. 나는 아주 둔감할 때가 있단 말이에요" 하고 반응할 가능성은 매우 희박하다. 오히려 그의 자연스런 반응은 방어적이 되는 것이다. "무슨 뜻이에요? 당신에게 의견이 있으면, 그냥 말하라고요. 나는 당신 마음을 읽을 수가 없어요."

그리고 전형적으로 뒤따라오는 것은 상대가 '너' 진술문으로 반격하는 것이다. "둔감한 것은 당신이에요. 당신은 내가 처해 있는 상황을 생각이나 해봤어요? 내가 어떤 스트레스를 받고 있는지 당신은 나에게 관심이나 있냐고요?"

'너' 진술문으로 쏘아대는 것은 저녁시간의 분위기를 망치는 확실한 길이다. 당신이 그 상황을 어떻게 경험했는지 그리고 기분이 어떤지를 전하기 위해 '나' 진술문을 사용하기만 했어도 상황은 완전히 달라졌을 것이다. "나는 당신이 나의 의견을 묻지 않으면 무시당한 기분이 들어요."

당신은 그 차이를 감지할 수 있는가? '나' 진술문은 이해받기 위해 정보를 줄 뿐 방어를 위한 공세적인 비난은 하지 않는다. '나' 진술문으로 말하면 배우자로부터 관심과 돌봄의 마음을 이끌어낼 가능성이 높다. "여보, 미안해요. 당신이 그런 감정을 느끼고 있는지 전혀 몰랐어요." '나' 진술문은 배우자가 얼마나 나쁜지에 대해 언급하지 않기 때문에, 배우자에게서 방어적인 태도를 유발하지 않는다.

당신의 배우자에게 공격받고 있다고 느끼게 해서 좋을 것은 하나도 없다. "당신은 참으로 무심한 사람이에요. 우리가 오늘 밤에 외출한다는 것을 어떻게 잊어버릴 수가 있어요?" 하고 말하는 대신에, "당신이 우리가 함께 계획한 것을 잊으면, 나는 상처를 받을 뿐 아니라 약간 겁이 나요" 하고 말하는 것이 더 낫다. 이렇게 함으로써 당신은 당신이 소홀한 대우를 받았다는 느낌도 전하고, 배우자가 일부로 당신에게 상처를 주려 했다는 식으로 질책하지 않으면서 당신의 감정을 표현하게 된다.

"당신은 항상 내가 하는 말을 지적해서 나를 바보로 만들려고 해요"라고 말하는 대신에, "사소한 일까지 당신이 나서서 고쳐줄 때, 나는 완전히 무시당하는 기분이에요" 하고 말하라는 것이다. 당신의 문장을 '너' 대신 '나'로 시작하라(영어와 우리말의 차이 때문에 이 의미가 그대로 전달되기 어렵다. 배우자가 한 말이나 행동으로 인하여 내가 어떤 느낌을 받는지, '나'의 기분을 표현하는 데 초점을 맞추라는 뜻이다 - 역자주). 그러면 당신은 결혼생활에서 많은 불행을 면할 수 있을 것이다.

의사소통은 당신이 말하는 것이 아니라 상대가 당신이 하는 말을 이해하는 것이다. 당신이 '너' 진술문으로 말하면, 배우자가 듣는 것은 비난과 비판뿐이다. '나' 진술문은 당신이 말하고자 하는 바가 바로 들리고 이해되게 하기 때문에 훨씬 더 효과적이다.

사려 깊게 듣는 연습을 하라

현자(賢者) 한 분이 말하기를 하나님께서 우리에게 두 귀와 하나의 입을 주신 것은 말한 것의 두 배를 들어야 한다는 뜻이라고 했다. 훌륭한 지적이다. 우리는 흔히 '좋은 대화기술'을 배운다고 하면, 우리 자신을 보다 명확하게 표현하고, 메시지를 정확히 전달하는 법을 배우는 것으로 생각한다. 그러나 사실 좋은 의사소통의 98%는 귀담아 듣는 것이다.

만일 당신이 들을 수 있는 귀가 있으면, 당신은 귀를 기울여 경청(傾聽)할 수 있다. 그렇지 않은가? 아니다. 그렇지 않다. 듣는 것은 수동적인 행동이다. 그러나 경청은 메시지를 숙고하여 화자에게 되돌려 보냄으로 적극적인 상호작용을 하는 것이다. 효과적인 경청은 개발하기 쉬운 습관이다. 그러나 경청을 배우기는 어렵다. 왜냐하면 경험이 필요한 상황에서 우리는 보통 보내오는 메시지를 경청하기보다는 우리가 할 다음 말에 초점을 맞추는 성향이 있기 때문이다.

다음은 부부가 나누는 전형적인 대화이다.

아내	(넓은 흰색 칼라가 달린 푸른 색 드레스를 들어 보이며) 이것좀 봐요! 지금 막 이 드레스를 세탁해 왔는데, 칼라 여기 저기에 회색 반점이 묻어 있으니 어쩌면 좋죠? 오늘 밤에 당장 입어야 하는데 ….
남편	여보, 그런 것은 아무 눈에도 띄지 않아요. 그리고 당신, 노란 드레스를 입어도 되잖아요. 그 옷도 멋있는데.

> 듣기는 속히 하고 말하기는 더디 하며.
> 야고보서 1:19 하

남편은 이 대화에서 도움을 주려고 하였다. 그러나 그는 경청하지 않았다. 그는 아내의 기분을 이해하기보다는 문제해결에 더 관심이 있었다. 남편은 "여보, 참 안됐군요. 나라도 화가 나겠어요" 또는 "당신 굉장히 실망한 것 같아요"라는 말로 아내의 말을 경청하고 이해했음을 알릴 필요가 있었다.

사려 깊게 듣는다는 말의 핵심은 파트너가 한 말을 들었고 그 메시지를 이해했음을 알려주는 데 있다. 경청은 잠재적 갈등을 해소하는 아주 좋은 방법이다. 만일 당신 파트너가 "당신은 항상 늦는단 말이에요"와 같은 '너' 진술문을 퍼부으면, "아니에요, 나는 안 그래요"라고 말하지 말라. 대신에, "내가 늦으면 당신이 화나리라는 것을 알아요. 기다리느라 짜증이 났을 거예요. 다음에는 시간을 지키도록 노력할게요"라고 말함으로써 그의 감정을 이해하고 있음을 순수하게 표현하라. 현재의 말보다 그 뒤에 깔려 있는 메시지를 위해 경청하라. "당신은 항상 늦어요"라는 말은 "나는 화가 났어요"라는 뜻이다.

우리가 사려 깊은 경청을 가르치면 많은 부부들은 어색하고 억지 같으며 가짜같이 느낀다고 불평한다. 그렇기 때문에 우리는 따듯하고 순수하며 공감대를 형성하는 기초를 놓는 것이다. 이러한 특성을 기초로 하여 사려 깊은 경청이 이루어질 때, 이는 결코 로봇식의 기능이 아니라 마음에서 우러나오는 태도가 된다. 당신이 진지하게 경청하고 진실로 관심을 가지면, 배우자에게 사려 깊게 되돌려 주는 말이 기계적이 될 수는 없는 것이다. 경청은 다른 새 기술들과 마찬가지로 처음에는 어색하게 느껴질 것이다. 그러나 점차 이 기술이 당신의 부부관계에 어떤 차이를 가져다 주는지를 경험하고 나면, 어색한 감정은 곧 사라지게 될 것이다.

경청을 할 때 참된 공감은 변화를 포함한다는 것을 기억하라. 불행하게도, 어떤 이들은 잘 경청하는 것은 배우는데, 듣는 내용에 주목하지 않는다. 만일 파트너가 당신의 행동에 변화를 요구하면 그 요구를 심각하게 고려해라. 그리고 합리적이라고 생각이 되면 바로 행동으로 옮기라. 행함이 없는 말이 죽은 것처럼 행동이 없는 경청도 죽은 것이다.

경청에 대해 한 가지만 더 말하고자 한다. 만일 당신이 당황하여 배우자의 메시지를 숙고할 수 없을 때는 다음 두 가지를 하라. 첫째, 당신이 그의 메시지를 정확하게 이해하기를 원한다는 것을 확실히 하라. 둘째, "뭐라고 했는지 한 번 더 말해 줄래요." "그것에 대해 더 말해 주세요." "무슨 뜻으로 하는 말인지 제가 이해할 수 있게 도와주세요"와 같은 말을 하라. 이 안전띠와도 같은 기술은 기적과 같은 결과를 가져올 수 있다.

　유명한 스위스의 상담자 폴 투르니에(Paul Tournier)는 다음과 같이 말한 적이 있다. "경청받을 필요, 중요하게 대우받을 필요, 이해받을 필요의 엄청난 중요성은 아무리 강조해도 지나치지 않다. 적어도 한 사람에게라도 이해받고 있다는 느낌이 없이는 아무도 이 세상에서 자유롭게 발전할 수 없고 충만한 삶을 살 수가 없다."[6] 당신이 배우자에게 경청의 선물을 선사할 때, 당신은 원래 결혼이 의도한 바를 실현하고 있는 것이다.

> **연습문제 ⑭**
>
> | 이제 명확히 들을 수 있어요 |
>
> 　배우자의 감정적 메시지를 사려 깊게 귀담아 듣는 것은 좋은 의사소통에 필수적이다. 워크북 연습문제 '이제 명확히 들을 수 있어요'를 통해 당신과 배우자는 자신이 들은 바를 숙고함으로써 서로에 대한 자신의 이해를 순수하게 전달할 수 있을 것이다.

남자와 여자의 차이를 이해하고 수용하라

　버나드 쇼의 작품 『마이 페어 레이디』(My Fair Lady)를 영화화한 작품에서 남자 주인공인 헨리 히긴스(Henry Higgins) 교수는 "왜 여자는 남자와 같이 되지 못할까?" 하고 부르짖는다. 우리는 그가 인체의 구조적 차이에 대해 말하고 있는 것이 아님을 안다. 그는 엘리자(Eliza)와 사랑에 빠져 있다. 그러면서도 그는 그녀를 참으로 이해할 수 없다. 언어학 전문가인 그는 엘리자에게 고급영어를 말하는 법을 가르쳤다. 그러나 그녀와 진정으로 의사소통을 할 수가 없었다.

이것은 헨리 히긴스에게만 해당되는 문제가 아니다. 거의 모든 남자와 여자가 어느 시점에선가 이성과 '통하지' 않아 절망감을 느꼈던 적이 있을 것이다. 남자와 여자는 매우 다르다. 우리의 역할은 바꿀 수 있어도, 정신은 바꿀 수가 없는 것이다. 그리고 상대방의 행동이 자신과 다르다 할지라도, 그것은 다른 것이지 틀린 것이 아니다. 우리가 그 차이를 나쁜 것이라고 판단한다면, 우리는 근시안적이고 시대에 뒤진 사람이 되는 것이다. 우리는 우리의 차이를 받아들이고, 상대를 공격하는 것을 중단하고, 우리의 기대를 바꾸고, 서로를 용납해야 한다. 서로의 차이를 받아들이는 것은 효과적인 의사소통에 중요한 열쇠가 된다.

의사소통은 남녀간의 간격을 좁힐 수도 있고 넓힐 수도 있다. 대화에서도 남녀는 같은 것을 하는 것처럼 보인다. 그들은 입을 열어 소리를 낸다. 그러나 그들은 실제로 완전히 다른 목적을 가지고 대화를 한다. 여성은 주로 다른 사람과의 관계를 맺고 견고히 하기 위해 대화를 사용한다. 반면에, 남성은 그들의 지식과 기술을 전달하고 정보를 나눔으로써 위계질서 안에서 자기 길을 조정하기 위해서 말을 사용한다.

여성은 데보라 태넌(Deborah Tannen)이 '공감을 나누기 위한 대화'(rapport-talk)라고 부르는 것에 탁월하다. 반면에, 남성은 '보고를 위한 대화'(report-talk)를 편하게 생각한다.7 비록 여성이 언어 능력에 더 자신감을 가지고 있다 할지라도(적성검사는 그들이 언어적으로 더 뛰어남을 증명한다), 그들은 공개적인 장소에서는 그 능력을 사용하려 하지 않는다. 반면에 남자들은 그룹 앞에서 보고하거나 강사의 말에 반대 의견을 제시하는 것을 편하게 생각한다. 이것은 남자들의 질서 체계에서 터득한 기술이다. 많은 여성은 그들 자신을 전시하여 놓는 것과 같은 종류의 행동을 이해할 수 있다. 예를 들어, 파티석상에 가 보면 남자들은 이야기를 하고, 그들의 전문지식을 말하며, 농담을 한다. 반면에 여자들은 보통 더 작은 그룹으로 모여 보다 개인적인 주제로 대화를 나눈다. 여자는 어떤 문제에 대해 서로 공감하는 부분에 초점을 맞추는 데 반해 남자는 그것에 대한 구체적인 해결에 초점을 맞춘다.

이것이 당신의 결혼에서 의사소통하는 것과 무슨 상관이 있는가? 결론적으로 말하면 이렇다. 대화를 할 때, 여자는 감정을 나누고 남자는 문제를 해결한다. 당신이 이 차이를 이해하지 못한다면, 당신의 대화는 좌절감을 유발할 것이 틀림없다. 예를 들어 보자.

아내 당신은 우리 사장이 나에게 얼마나 많은 일을 시키는지 모를 거예요.

남편　여보, 그 사람에게 직접 말해 보라고 내가 몇 번이나 그랬어요.

　　이런 상호작용이 너무나 많은 남자와 여자를 상담자에게로 보내고 있는 것이다. 여자는 감정을 나누려고 하는데, 남자는 해결책을 제시하려 한다는 것을 그들은 모르고 있기 때문이다. 일단 이 차이를 분명히 하면, 별로 실습할 필요도 없이 간단한 해결책이 적용되어 즉각 효과를 발휘하게 된다. 단순히 당신이 가지고 싶은 대화의 유형을 말하고 배우자를 대화에 초대하면 된다. 남자는 문제해결을 하려는 성향이 있고, 여성은 감정을 나누려는 성향이 있다고 해서 서로 피차간의 대화방식을 사용할 수 없다는 뜻은 아니다. 앞의 대화는 다음과 같이 진행되었을 수도 있다.

아내　당신은 우리 사장이 나에게 얼마나 많은 일을 시키는지 모를 거예요. 내 말 좀 들어 봐요….
남편　여보, 그 사람에게 직접 말해 보라고 내가 몇 번이나 그랬어요.
아내　알아요. 그러나 지금은 감정대화(feelings conversation)를 나누고 싶어요. 내 마음을 비우고 싶은 거예요. 알겠어요?
남편　알았어요. 이야기해 봐요.

　　이 시점에서 아내는 사무실에서 있었던 일을 털어놓을 수 있고, 남편은 아내의 감정에 적극적으로 경청할 수 있다. 그러면서 서로 가끔 사려 깊은 경청을 통해 상대의 기분을 공감해 줄 수 있을 것이다. 당신이 서로가 다른 대화방식을 갖고 있다는 것을 깨달으면, 대화방식에 '감정대화' 또는 '문제대화' 식으로 이름을 붙이는 것이 놀라운 효력을 발휘할 수 있다. 이렇게 할 때 부부는 하고 싶은 말을 다 할 수 있고, 두 스타일을 서로 존중해 주면서 배우자의 대화기술을 인정해 줄 수 있는 것이다.

우리는 다음 장에서 남자와 여자의 차이에 대하여 더 많은 것을 언급할 것이다.

필요할 때는 사과하고 용서를 빌라

품위 있는 사과는 예의를 갖춰 무릎을 꿇고 공손히 절하는 것이며, 만원 버스 안에서 서로 참을 수 있게 도와주는 태도라고 할 수 있다. 사과는 말다툼을 참을 수 있을 범위 안에 묶어두는 겸손한 머리숙임이다. 그러나 결혼한 부부 사이에서, 배우자에게 하는 진실된 사과는 예절 그 이상이다. 이는 문제를 해소하는 강력한 도구가 될 뿐 아니라 당신의 관계를 증진시키는 도구가 될 수도 있다.

때때로 사과는 완전히 직설적이다. 어느 한쪽에서 잘못을 저질렀는데 그 무례함이 사소한 것(주유소에서 자동차에 기름 넣는 것을 깜빡 잊었다)이면, 우아하게 하는 사과 한 번으로 사건은 잊고 지나칠 수 있게 된다. 하지만 어떤 때는 사과가 놀라울 정도로 복잡할 수도 있다.

많은 부부들처럼, 우리가 상담했던 한 부부는 성급한 사과로 그들의 말다툼을 잘못된 방향으로 끝나게 만들었다. 부부 중 한 사람이 이렇게 말했을 것이다. "내가 한 일에 대해 미안하다고 말했잖아요. 그런데 당신은 왜 그것을 잊어버리고 그 일에 집착하는 거예요?"

이러한 사과는 사실 속임의 도구에 불과한 것으로 책임추궁을 받지 않고 진짜 문제를 회피하려는 방법이다. 더 나쁜 것은, 적절치 못한 때에 하는 사과는 진정한 변화를 막는다는 것이다. 한 남편이 저녁 파티에서 아내에게 퉁명스럽게 쏘아붙였다. 그리고 나서 나중에 그는 아내에게 말했다. "여보, 미안해. 요즈음 스트레스를 많이 받다 보니 그랬어요. 당신이 이해해줘요." 남편은 그의 세심하지 못한 행동에 대해

> 말, 말, 말! 나는 말에 질렸다. 나는 하루 종일 말 세례를 받는다. 꼴사나운 당신네들이 하는 짓은 그것뿐인가? 하늘 위에 별들이 뜨겁게 타고 있다고 말하지 말고, 사랑한다면 나에게 보여줘요!
>
> 『마이 페어 레이디』에서 엘리자
> (Eliza in My Fair Lady)

그 책임을 회피하고 있었다. 아내가 듣기를 원했던 것은 "미안해요. 내가 스트레스를 받는다고 해서 당신에게 쏘아붙인 것은 내 잘못이었어요"와 같은 사과의 말이었다. 이렇게 말한다면 아내는 남편이 자기에게 상처를 주었다는 것을 진정으로 깨닫고 다시 그런 잘못을 되풀이하지 않겠다는 뜻을 전한 것으로 이해할 것이다.

부부관계에서의 참된 사과는 서로가 책임을 이해할 때 가능하다. 당신이 자신의 행동에 책임을 지고, 배우자의 관점을 인정하고, 때로는 당신이 싫어하는 자신의 행동에 대해서 핑계를 대지 않고 책임을 지는 것을 의미한다. 마지막으로, 이것은 변화를 의미할

수도 있다. "나는 자존심을 누르고 나 자신도 싫어하는 행동에 대해 인정했습니다. 일단 나의 문제를 인정하고 나니까 내가 변하기 시작하더라구요." 한 남편이 우리에게 한 말이다.

모든 부부는 결혼의 새 장을 넘기는 방식으로 하나의 치유체계를 필요로 한다. 그리고 미안하다고 말할 때와 방법을 아는 것은 관계에 커다란 차이를 가져다 준다. 당신은 언제, 어떻게 사과하는가를 스스로에게 질문해 보라. 어느 한 사람이 다른 사람보다 더 많이 사과하는가? 문제를 회피하고 대충대충 넘어가기 위해서 사과를 이용하지는 않는가?

사과는 말로 '미안하다'고 말하는 것이 아닐 수도 있다. 선물을 주거나, 함께 외식을 하거나, 단순히 산책을 함께하는 것일 수도 있다. 내가 말하고 싶은 진실된 사과는 그 형태가 어떤 것이든 부부를 더 가깝게 느끼도록 만들며, 모든 것이 괜찮다는 안도감을 안겨준다는 것이다.

신체적 접촉을 통한 의사소통을 하라

지난 25년 동안 우리는 유아를 안아주고 만져주는 것이 얼마나 필요한지를 인식했다. 우리는 이제 어린아이가 다른 사람과 신체적으로나 정서적으로 친밀감을 경험하지 못하면 제대로 성장하지 못한다는 것을 알게 되었다. 우리가 종종 간과하는 것은 우리가 성장할 때 신체적 접촉의 필요성이 사라지지 않는다는 사실이다. 그리고 우리가 배우자에게 이 필요를 충족시켜 줄 때, 우리의 결혼을 더 건강하게 발전시킬 수 있다.

신체적 접촉은 강력한 의사소통 수단이며, 영혼을 양육하고 지원해 주는 방법이며, 긍정적인 감정을 전달하는 방법이다. 인류학자 헬렌 피셔(Helen Fisher)는 그녀의 책 『사랑의 해부』(Anatomy of Love)에서, 신체적으로 접촉하는 것이 왜 그렇게 중요한가를 설명하고 있다. "인간의 피부는 풀밭과 같아서, 각 풀잎의 말초신경이 너무나 민감하여 조금만 닿아도 인간의 두뇌 속에 그 순간의 기억을 각인할 수 있다."[8]

기술적으로 말하면, 인간의 피부는 수백만 개의 '접촉 수용돌기'라는 신경돌기로 산재되어 있다. 누군가가 당신에게 신체적 접촉을 했을 때, 이 수용돌기들은 두뇌로 메시지를 보낸다. 한편, 두뇌는 그 상황에 맞는 화학물질을 방출한다.

잠시 당신이 하루의 고된 일과를 마친 후 피곤하고 지쳐 짜증이 난 가운데 집에 돌아왔다고 가정해 보라. 그런데 당신의 배우자가 사랑이 가득 담긴 포옹을 했다고 하자. 그 포옹은 당신의 몸 전체에 산소를 가져다 주는 적혈구 속의 헤모글로빈의 상승을 가져올 것이다. 믿기지 않을 정도로 놀라운 것은, 사랑 어린 포옹이나 부드러운 애무는 뛰는 심장박동을 잠잠하게 해주고, 치솟는 혈압을 떨어뜨리며, 심한 통증을 완화시키는 역할을 한다.

당신은 아마 "신체적 접촉은 배우지 않아도 되는 기술"이라고 말할지 모른다. 일리 있는 말이다. 신체적 접촉을 통해 의사소통을 하는 것은 결혼에 들어서려는 대부분의 커플들에게는 문제가 되지 않는다. 그들은 대체로 포옹하고 입을 맞추며, 함께 있을 때마다 손을 잡는다. 그리고 그들은 거의 항상 그럴 것이라고 가정한다. 실제로 어떤 부부는 평생 손을 잡고 포옹하는 습관을 지속해 나가는 것도 사실이다. 그러나 다른 많은 부부들의 결혼생활을 보면 그 초반의 습관들은 서서히 사라진다. 특별히 아이들이 생기고 삶의 속도가 빨라지기 시작하면, 신체적 접촉은 흔히 섹스 영역으로 한정되기도 한다. 잠깐 등을 어루만지거나 반짝 키스하는 것을 제외하고는, 애정적인 접촉은 순전히 뒤편으로 물러난다.

고도의 접촉관계를 유지하기 위해, 당신이 자라난 가정에서 신체적 접촉이 어떻게 사용되었는지에 대해 이야기해 보라. 당신의 가족은 "신체적 접촉을 많이 하는 편이었는가, 적게 하는 편이었는가?" 모든 연구결과는 당신이 성인으로서 신체적 접촉을 경험하는 것이 어렸을 때 얼마나 자주 그리고 어떤 방법으로 신체적 접촉을 받았는가와 직접적 연관이 있다는 것을 보여주고 있다. 당신은 비록 신체적 접촉이 금기시되는 가정에서 자라났다 하더라도, 부부관계에서 어떻게 더 접촉 지향적이 될 수 있는가를 논의할 수 있을 것이다.

당신은 또한 서로의 안전지대를 연구할 수 있을 것이다. 당신 부부는 아마 서로 다른 정도와 방법의 신체적 접촉을 선호할 것이다. 부부 중 한 사람에게는 손을 부드럽게 만져주는 것이 다른 사람에게는 긴 시간 포옹해 주는 것과 같은 의미일 수도 있는 것이다. 그리고 연구결과는 어떤 남자들에게는 그들이 불안정할 때

누가 만져주면, 그 만져줌이 위로가 되기보다는 무시하는 것으로 해석된다는 것을 보여주고 있다.

우리의 삶에 미칠 수 있는 잠재력을 생각한다면, 촉각이 '감각의 어머니'라고 알려진 것은 조금도 놀라운 일이 아니다. "당신은 혼자가 아니야." "당신은 중요해." "미안해." "당신을 사랑해" 등의 메시지를 전달하는 데 이보다 더 간단한 방법이 어디 있겠는가? 다음에 무슨 말을 해야 할지 망설여질 때는, 신체적 접촉을 사용하는 것이 배우자에게 말하는 가장 좋은 방법이 될지도 모른다는 것을 기억하라.

묵상을 위하여

- 효과적인 의사소통을 할 때, 당신의 장점과 보완할 점은 무엇인가?
- 당신은 배우자와의 관계에서 혼란을 야기했던 대화를 회상할 수 있는가? 그 대화는 무엇이 잘못되었는가? 비슷한 상황이 되풀이된다면 어떻게 대처하겠는가?
- 말을 안하는 것이 의사소통의 단절을 가져온다고 흔히들 믿고 있는데 이것은 널리 퍼져 있는 그릇된 관념이다. 왜 그런가? 역기능적 의사소통의 근본적 원인은 무엇인가?
- 대화기술을 실습하기 전에 당신의 사람 됨에 먼저 초점을 맞추는 것이 왜 중요한가?
- 공감은 생각과 감정을 동시에 포함한다. 이것은 무엇을 의미하는가? 당신이 다른 사람과 공감대를 나누는 대화를 하고 있음을 어떻게 알 수 있는가?
- '너' 진술문을 '나' 진술문으로 바꾸는 것이 의사소통에 어떤 변화를 가져다 주는가?
- 당신의 파트너의 메시지를 사려 깊게 받아 주면, 파트너는 당신이 그가 하는 말을 이해하고 있음을 알게 된다. 이 기술을 사용하기 전에, 당신은 단순히 로봇처럼 기능하고 있지 않다는 것을 확실히 하기 위해 무엇을 해야 한다고 생각하는가?

🌸 남자와 여자의 차이에 대한 연구는 남자들이 '보고를 위한 대화'를 하고, 여자들은 '공감을 나누기 위한 대화'를 한다는 것을 보여준다. 당신은 이것이 사실이라고 생각하는가? 당신의 경험에서 이를 보여주는 예는 어떤 것인가?

🌸 당신은 신체적 접촉이 배우자와의 효과적인 의사소통에 중요한 역할을 한다는 데 동의하는가? 왜 그런가? 묵상을 위하여

| 나는 남자이고 당신은 여자이다
| 나는 이보다 더 좋은 배열을 생각할 수 없다

그라우처 막스 (Groucho Marx)

다섯번째 질문
당신은 남녀 차이를 얼마나 좁혔는가?

"당신, 그 옷가지들을 다 챙기려고 하는 것은 아니죠? 이번 여행은 3주가 아니라 3일 동안 다녀오는 거라고요. 뿐만 아니라, 야영하는 동안 당신 외모에 신경 쓸 사람은 아무도 없어요." 나(레스)는 이 말을 하고 나서 즉시 후회했다. 거의 자정이 다 된 시간이었고 우리는 둘 다 약간 신경이 곤두서 있었다. 다음날 아침 일찍 우리는 산타 바바라(Santa Barbara)로 주말 여행을 떠날 예정이었다.

"당신은 당신이 원하는 것을 가지고 가고, 나는 내가 원하는 것을 가지고 가면 돼요." 레슬리가 대답했다. "당신이 사흘 동안 같은 청바지를 입는 것으로 만족한다고 해서, 나에게 같은 것을 기대하진 말아요. 당신의 노트북 컴퓨터는 어떻고요? 지난번에 동부에 다녀올 때 당신 그 컴퓨터를 이 짐 저 짐에 챙기느라 얼마나 고생했어요? 그런데 당신은 그걸 꺼내서 한 번 켜기라도 했나요? 짐 챙기는 데 신중하지 못하고 경솔한 것은 내가 아니라고요!"

"컴퓨터가 필요할 경우에 쓰기 위해 그런 거요."

"그래요? 나도 이 옷이 입고 싶어질 때 입으려고 하는 거예요." 레슬리가 대답했다.

"당신 말이 맞아요. 당신이 옳아요." 나는 고백했다. "나한테 중요하게 보이는 것이 당신한테는 하찮은 것일 수도 있고, 당신한테 중요한 게 나한테는 시시한 것일 수도 있으니까요. 우리는 때로 너무나 다르죠."

> 내가 심히 기이히 여기고도 깨닫지 못하는 것 서넛이 있나니 곧 공중에 날아다니는 독수리의 자취와 반석 위로 기어다니는 뱀의 자취와 바다로 지나다니는 배의 자취와 남자가 여자와 함께한 자취며…
> 잠언 30:18-19

정말 다르다. 최근 몇 해 동안, 사회과학자들은 남자와 여자가 생리적, 심리적, 직업적으로 다르다는 것을 발견해 왔다. 생리적으로, 여성은 두뇌의 두 반구 사이에 더 많은 연계가 있으며 언어능력이 더 뛰어난 것으로 밝혀지고 있다. 남성의 더 큰 좌우반구 분리는 그의 추상적 사고 성향에 기여하고, 공간지각 능력은 남성이 앞서는 것이 사실인 것 같다. 심리적으로, 여성은 다른 사람들과의 관계를 통해서 그들의 자아 정체감을 찾으며, 남성은 독자적으로 분리됨을 통해서 자신의 자아 정체감을 찾는 성향이 있다. 직업적으로, 남자는 보다 장기적인 목표에 초점을 맞추고, 여성은 흔히 이 목표들이 달성되는 과정에 더 주의를 기울이는 것 같다.

남자와 여자의 차이가 때로는 너무나 두드러져서 의문을 갖게 된다. 이는 인간이 수세기에 걸쳐 풀려고 노력한 수수께끼이다. 고대 그리스 신화는 반은 남자이고 반은 여자인 존재들이 지구 위에 살았다고 전한다. 그들은 각자가 완전했고 스스로 완전하다고 여겼다. 교만해진 이들은 신들에게 반기를 들었고, 화가 난 제우스 신은 그들을 모조리 반으로 쪼개 지상에 흩어 놓았다. 신화에 의하면, 그 이후로 각각의 반쪽은 나머지 반쪽을 찾고 있다고 한다.

이 신화적 설명 안에 진실의 일말이 담겨져 있다. 창조 이야기는 우리가 서로 다르기 때문에 서로를 필요로 한다는 기본적인 사실을 강조한다. 지구상에 일찍이 존재했던 유일한 낙원에서 살았던 아담은 어떠한 고통도 느끼지 않았으며 눈물을 흘릴 일도 없었다. 그런데도 이 낙원에는 고독이 가득했다. 고독이 얼마나 심했던지 하나님께서는 사람이 혼자 있는 것이 "좋지 못하다"고 결정하셨다. 무엇인가 빠져 있었다. 하나님은 또 하나의 아담이 아닌 하와를 창조하심으로 반응하셨다.

남자와 여자가 결혼을 할 때 거기에는 내재적인 완전함이 있다. 우리의 배우자는 우리의 부족함을 채워준다. 우리가 낙심해 있을 때, 그들은 희망에 차 있다. 우리가 인색할 때, 그들은 너그럽다. 우리가 약할 때, 그들은 강하다. 우리는 함께 연합된 남자와 여자들이기에 거기에는 완전함이 있다. 그러나 우리의 차이가 이해되고 용납되지 않으면, 완전함이 아닌 혼란의 원천이 될 수도 있다.

배우자가 우리와 똑같다고 잘못된 가정을 할 때, 즉 "나에게 좋은 것이 당신에게도 좋다"라고 가정을 할 때, 우리는 남자와 여자 사이의 근본적인 차이를 간과하기 쉽다. 우리는 양성 사이에 존재하는 방대한 차이를 고려하지 않은 채 남성적인 또는 여성적인 기준에 따라 그들의 행동을 평가한다.

여러 해 동안, 성 차이는 명확하게 밝혀지지 않았다. 그러나 이제 우리는 남자와 여자 사이의 격차를 과거보다 더 명확하게 인식하고 있다. 그리고 이 남녀 차이를 무시하는 것은 당신의 결혼을 불행으로 몰아갈 위험이 있다.

이 장의 목적은 당신의 배우자가 이성이기 때문에 당신과 다르게 생각하고 느끼고 행동한다는 것을 인식하도록 당신을 돕는 데 있다. 당신이 이 차이를 이해하고 염두에 둔다면 남녀 차이는 당신의 결혼에 더 큰 친밀감을 주는 원천이 될 수 있다. 여기서는 먼저 남자와 여자가 다르다는 것을 강조하고, 남녀가 정확히 어떻게 다른가를 살펴봄으로 시작하고자 한다. 그리고 나서 당신이 어떻게 남자와 여자의 성 차이를 좁히고, 이성과 성공적으로 '하나됨' 안에서 생활할 수 있는가를 제시할 것이다.

남녀가 그렇게 다른가?

1970년대의 여성해방운동은 남자와 여자의 행동에 있어서 타고난 차이에 대해 말하는 것을 진부하다고 할 뿐 아니라 심지어 금기시까지 했다. 그들의 논지는, 일단 양성 주의가 사라지면 세상은 몇 가지 해부학적인 차이를 제외하고는 완전히 평등하며 양성 공존의 장소가 되리라는 것이었다. 그들은 남녀 간의 차이는 타고난 것이 아니며, 단순히 학습된 것이기 때문에 재학습을 통해서 없앨 수 있다고 주장했다.

선천적인 남녀 차이에 대한 증거는 사라지기는커녕 점점 더 늘어만 갔다. 예를 들어, 과학자들은 두뇌 구조와 그 기능에 있어서 남녀의 신경학적 차이를 밝혀 냈다. 이에 따라 모든 객관적 사고를 하는 사람들은 유전(nature)이 결국 환경(nurture) 못지 않게 중요하다는 결론을 내릴 수밖에 없었다. 심지어 여성해방운동의 촉매 역할을 했던 베티 프리단(Betty Friedan)까지도 최근에 여성해방운동을 벌이는 여성 동료들을 다음과 같이 꾸짖는 상황이 되었다. "이제 여성이 남성과 다르다는 것을 인정할 때가 되었다. 평등은 여성이 아기를 갖는 쪽이라는 것을 감안하는 평등이어야 한다."[1] 분명히 남녀간에는 차이가 있다.

과학이 남자와 여자가 구조적으로 다르다는 사실을 보여주었는데도, 즉 성 차이가 우리가 양육된 방법 못지 않게 두뇌의 생리와 많은 관계가 있음을 보여주었는데도, 우리는 서로의 차이를 감사하기는커녕 수용하는 것 자체를 힘들어하고 있다. 그리고 결혼에서의 상당히 많은 혼란이 여기서 시작되는 것이다.

우리는 주말 부부 수련회를 할 때마다, 아내와 남편을 서로 다른 서클로 나누어 간단한 연습을 하게 한다. 참석자들을 반으로 나눈 다음, 우리는 언제나 동성그룹 안에서 활발한 토론을 불러일으킬 만한 질문을 던진다. 남자는 여자에 대하여 무엇을 알 필요가 있는가? 여자는 남자에 대하여 무엇을 알 필요가 있는가? 반응은 예측가능한 것들이다.

  남자는 말한다
  ○ 여자는 너무 감정적이다.
  ○ 여자는 가계 수입에 대한 압박감을 남자만큼 느끼지 않는다.
  ○ 여자는 흔히 그들의 진짜 힘을 보이기 두려워한다.
  ○ 여자는 너무 말이 많다.

   여자는 말한다
  ○ 남자는 민감하지가 않다.
  ○ 남자는 가사일을 제대로 돕지 않는다.
  ○ 남자는 자신의 약점을 부인한다.
  ○ 남자는 여자의 말에 귀를 기울이지 않는다.

이 연습의 목적은 이성에 대해 불평하도록 하는 데 있는 것이 아니다. 먼저 부부로 하여금 양성 사이에는 예측할 만한 차이가 있음을 알게 하고, 둘째, 그들 부부 사이에만 존재하는 개인차라고 생각했던 것이 다른 부부들에 의해서도 공유되고 있음을 깨닫게 하는 데 있다. "이 연습을 하기 전에, 우리는 별난 결혼생활을 한다고 생각했습니다." 한 부부는 우리에게 말해 주었다. "우리의 차이가 아주 보편적이라는 것을 깨달은 것만으로도 우리는 정상이며 노력하기만 하면 해결할 수 있다는 자신감을 갖게 되었습니다."

> 우리 문명에서 남자는 자신이 충분히 남자답지 못함을 두려워하고, 여자는 단지 여자로 취급받는 것을 두려워한다.
>
> 테오도르 레이크
> (Theodore Reik)

그러나 결혼의 성패는 남녀 차이를 인식하는 것만으로 이루어지는 것이 아니다. 오히려 남녀간의 차이를 감사하게 여길 수 있어야 한다. 우리는 부부의 차이를 안 후에 그 차이를 제거하려고 노력한 부부를 본 적이 있다. 예를 들어, 웨인(Wayne)은 아내 테리(Teri)의 감정표현을 조금 억제시켜야겠다고 생각했다. 그는 "당신의 에너지를 온통 감정을 발산하는 데 소비할 필요는 없잖아요"라고 말하곤 했다. 한 팀을 이루기 원하는 테리는 자신의 자연스런 감정을 억제하고 웨인처럼 되려고 갖은 애를 썼다. 두 사람은 성 차이를 줄이기 위해 진실된 노력을 하였다. 그러나 그들은 처음부터 실패로 끝나게 되어 있었다.

남녀 간의 차이는 좌우대칭을 이루는, 즉 남자와 여자로 하여금 모든 것을 같이 생각하고, 느끼고, 행동하게 함으로써 지워 버릴 수 있는 것이 아니다. 남자와 여자가 서로 다르다는 것은 엄연한 사실이다. 그렇기 때문에 오히려 드러내 놓고 성 차이를 인정하고 그 차이를 감사할 수 있는 부부는 그들의 불화를 크게 줄일 수 있다. 뿐만 아니라, 그들은 그런 차이를 서로 기뻐함으로써 친밀감의 수준을 더 높일 수도 있다. 물론 열쇠는 정확하게 그 차이가 무엇인가를 아는 데 있다.

> 연습문제 ⑮
>
> | 부부목록 |
>
> 당신이 성 차이를 줄이려고 노력할 때, 두 사람은 서로 다른 가정(假定)을 가지고 시작한다. 워크북 연습문제 '부부목록'은 당신과 배우자에게 성역할에 대한 가정이 부부관계에 있어서의 결정과정과 친밀감에 어떤 영향을 미치는지를 이해하게 도와줄 것이다.

남녀는 어떻게 다른가?

언제나 규칙에는 예외가 있겠지만, 연구와 경험은 일관되게 남성과 여성 사이에 근본적이고 큰 차이가 있음을 지적한다. "남성은 성취에, 여성은 관계에 초점을 맞춘다." 이것은 지나치게 단순하게 들릴지 모르지만, 사실 성 차이는 단순하다.[2] 그러나 이러한 일반적 규칙을 기억하는 것이 부부가 치고 받고 싸우는 것을 예방할 수 있으며 그들의 유대를 돈독하게 해줄 수 있다.

레슬리(아내)의 시각

결혼한 지 4, 5개월 되었을 때, 나는 레스가 왜 전처럼 낭만적이지 않은가에 대해 의문을 품었던 것을 기억한다. 결혼 전에는 재미있는 저녁을 계획하고, 빨간 신호등에서 나에게 키스하며, 우리가 데이트하면서 보았던 영화표를 모아두고, 꽃을 사오고, 달콤한 사랑의 시를 쓰기까지 했던 그였다. 그러나 결혼한 후, 그의 낭만적인 측면은 사라졌다. 낭만적인 면이 온통 사라진 것은 아니었지만, 무엇인가 분명히 달라졌다. '왜 그렇게 되었을까?' 나는 스스로 의아해 했다. '내가 무엇인가 잘못하고 있는 것일까? 아니면 그가 우리의 결혼에 대해 회의스러워하는 것일까?' 나는 남자와 여자 사이의 근본적인 차이를 발견하고서야 이 질문들에 정확하게 대답할 수 있었다.

레스는 대부분의 남자와 마찬가지로 실용적이다. 그는 장래의 목표에 초점을 맞추고 그 목표의 실제적 가치를 믿는다. 그는 현재의 활동이 앞으로 어떤 결과를 성취할 수 있는가에 따라 현재 활동을 정당화한다. 그는 "이것이 무슨 소용이 있는가?"를 묻는다. 그는 '진척되다' 또는 '유용하다'와 같은 말을 좋아한다. 그는 낭만적인 작은 일을 하는 데도 그것이 궁극적으로 생산적이라는 확신만 있으면 커다란 인내심을 발휘할 수 있다.

반면에, 나는 대부분의 여성과 비슷하다. 나는 감정과 현재의 활동에 초점을 맞춘다. 나는 목표를 필요로 하지 않는다. 단순히 그 순간을 즐기고 누리는 것으로 충분하다. 나는 묻는다. "무엇이 진행되고 있는가? 나는 그것을 어떻게 알고 느낄 수 있는가?" 나는 어떤 것의 생산성이나 효용성을 알 필요가 없다. 사실 성취는 삭막하고 혼란스럽게 느껴진다. 나는 '연결'이나 '관계'와 같은 말을 좋아한다. 나는 낭만적인 작은 일을 하면서 인내심을 발휘할 수 있다. 그렇게 하는 것 자체가 가치가 있기 때문이다.

물론 레스는 다른 시각을 가지고 있다.

레스(남편)의 시각

결혼 전, 레슬리는 태평하고 낙천적인 성격이라 기쁘게 해주는 것이 어렵지 않았다. 그녀는 우리 관계에 대해 좋게 생각했으며 우리의 장래에 대해 낙관적이었다. 그러나 결혼한 지 얼마 되지 않아 레슬리는 변하기 시작했다. 아니면 그런 것처럼 보였다. 그녀는 우리의 관계에 지나치게 관심을 가졌고 관계를 개선하기 위한 방법에 관해 이야기하기도 했다. 내가 함께하지 않으면, 그녀는 상처를 받고 거부당했다고 느꼈다. 나는 '왜 그녀가 이렇게 감정적이 된 것일까?' 하고 생각하던 것을 기억한다. '왜 그렇게 쉽게 눈물을 흘리고 우는가?' 결혼하기 전에는 그녀가 이렇게 비현실적으로 보인 적이 없었다. 이제 그녀는 때때로 나에게 비합리적으로 보이기까지 했다. '형편은 고려하지 않고 왜 꽃을 그리 중요시하는 것일까?' 나는 이해가 되지 않았다. 우리의 관계에 대해 대화하고 싶어하는 그녀의 요구는 나를 부족한 남편으로 느끼게 만들었다. '내가 아내를 위해 하는 모든 것을 고맙게 생각하지 않는 것일까?'

> 당신과 배우자의 차이를 수용하려는 자세를 갖춘다면 서로의 부족함을 보완해 줄 수 있을 것이다.
> — C. W. 닐(C. W. Neal)

대부분의 남자들처럼, 나는 우리 관계에 대해 긴 대화를 할 필요를 느끼지 못했다. 나는 레슬리가 나를 사랑하고 내가 그녀를 사랑하며 우리가 행복한 생활을 함께 추구하고 있다는 것을 아는 것으로 만족했다. '무엇을 상의한단 말인가?' 나에게는 이 일 저 일을 들추어내는 것이 시간낭비처럼 보였다.

최종적인 결론

남자와 여자가 근본적으로 다르다는 것을 인식하면서 나(레슬리)는 레스가 나와 결혼하기 위해 나에게 비위를 맞추고 구애했음을 알게 되었다. 사실은 간단하다. 일단 결혼하고 나니까, 그의 구애목적은 달성되었다. 따라서 그는 다른 생산적 활동을 향해 나아갈 준비를 갖추고 있었다. 그의 '달콤한 빈 말들'이 결국 '빈 말'이 아니라, 나를 결혼서약까지 끌고 가기 위해 계산된 속삭임이었음이 드러났다. 이 말은 사기성이 있는 것처럼 들리겠지만 사실은 그렇지 않다. 레스는 내가 자기와 같다고 가정하고 있었고, 우리가 실제적인 효과를 거둘 수 있는 한 매일 낭만적 시간을 계속하리라고 생각했다. 그 후에는 우리 모두 생활현장으로 옮겨가리라고 레스는 기대하고 있었던 것이다.

나(레스)는 우리가 결혼 후에도 아무것도 바뀐 것이 없음을 깨달았다. 그러나 바뀐 것이 있다면 그것은 환경이었다. 나를 특별히 낭만적으로 만들었던 목표는 이제 달성되었고, 아내가 귀중하게 여기는 낭만을 위한 낭만은 우리의 관계에서 더 이상 공유할 수 있는 우선순위가 아니었다. 나의 에너지는 안정된 가정을 준비하는 보다 실제적인 문제로 옮겨가고 있었기 때문에, 레슬리가 결혼생활을 나와 똑같은 시각으로 보지 않는다는 것이 나로서는 이해하기 힘들었다. 아내는 사랑 자체를 위해 구애하고 키스 자체를 위해 키스하기를 원했다. 그리고 결혼 후에도 그녀는 같은 유형의 낭만이 영원히 계속되기를 원했다.

우리가 겪은 남녀 차이는 우리에게만 국한된 것이 아니다. 차이는 보편적인 것이다. 남자는 성취를 동기로 일하고, 여자는 관계를 동기로 움직인다.³ 그러므로 남녀 차이가 당신의 결혼에 대두되면, 배우자를 악한 사람으로 판단하는 일이 없도록 하라. 배우자는 당신을 속인 것이 아니다. 결혼을 함으로 차이가 분명히 드러났을 뿐이다.

당신이 여자와 남자로 드러내는 차이는 좋은 것이며 축하할 일이다. 한 몸에 계산하는 머리와 느끼는 가슴이 있는 것처럼, 하나의 결혼에는 두 가지 은사의 축복이 있다. 우리는 정말 신묘막측(神妙莫測)하게 만들어진 존재이다.

그렇다면 남녀의 차이를 어떻게 축하할 수 있는가? 배우자의 한 부분이라고 할 수 있는 그의 독특한 욕구를 채워줌으로써 가능하다. 일반적으로 남자는 남자가 귀하게 여기는 욕구를 충족시키려고 하며, 여자는 여자가 귀히 여기는 욕구를 충족시키려고 한다. 문제는 당신 남편의 욕구가 당신과 다르다는 것이다. 당신이 다른 여성들에게 하는 것처럼 남편에게 행동했을 때 그것으로는 남편의 욕구를 채워줄 수 없다. 마찬가지로 아내의 욕구는 그 남편의 욕구와 다르다. 그래서 남편이 자기 몸에 밴 것을 가지고 아내의 욕구를 채워주려 할 때 그것으로는 충분치가 않다. 한 마디로 남편과 아내는 자기 중심적 사고를 버리고 상대방의 입장에서 배우자가 필요로 하는 것이 무엇인지를 고려하여 이를 채워주어야 할 것이다.

이제 우리는 당신의 배우자가 가지고 있지만 당신이 깨닫지 못하는 몇 가지 구체적인 욕구를 제시할 것이다. 당신은 배우자의 욕구를 채워줌으로써 결혼에서 나타나는 남녀 차이를 좁히고 많은 보상을 맛보게 될 것이다.

연습문제 ⓰

| 당신에게 가장 중요한 열 가지 욕구 |

남자와 여자는 결혼생활에서 원하는 바가 서로 다르다. 배우자의 최대의 필요가 무엇인지를 알지 못하면, 당신은 그 욕구를 충족시키는 일에 무참히 실패할 것이다. 워크북 연습문제 '당신에게 가장 중요한 열 가지 욕구'는 당신과 배우자가 원하는 욕구가 각기 무엇인지를 이해하는 데 도움을 줄 것이다.

모든 남편이 아내에 대해 알아야 할 것들

정신분석학의 아버지, 시그문드 프로이드는 말했다. "여성의 영혼에 대한 30여 년의 연구에도 불구하고, 나는 아직 '여자는 무엇을 원하는가?'라는 위대한 질문에 대한 답을 찾지 못했다."

프로이드는 여자의 가장 중요한 욕구를 알 수 없었지만, 현대 사회과학의 연구는 이를 밝혀 냈다. 결혼에서 아내가 가장 기본적으로 필요로 하는 것은 이것이다. 귀히 여김을 받고, 이해받으며, 존경받는 것이다.

아내는 귀히 여김을 받을 필요가 있다

"박사님, 도저히 이해할 수가 없습니다." 덕(Doug)은 상담실에 들어와 앉기도 전에 말을 시작했다. "리사(Lisa)는 그녀에게 필요한 모든 것을 가지고 있습니다. 아내는 일을 하지 않아도 됩니다. 옷을 원하는 대로 사서 입습니다. 좋은 집에 살고 있습니다. 우리는 멋진 휴가를 보냅니다. 나는 아내에게 성실합니다. 그런데 제 아내는 비참하다는 것입니다." 덕은 머리를 내저으며 말했다. "나로서는 도저히 이해가 안됩니다."

우리는 7년 된 그의 결혼생활에 대해 더 이야기를 나누고, 그가 어떻게 리사에게 사랑을 표현하려고 노력했는지에 대해 들어보았다. "나는 말로 떠벌리는 형이 아니에요. 나는 아내에게 최고를 제공함으로써 사랑을 보여줍니다." 이 불쌍한 남편은 그의 사랑에 굶주린 아내가 그에게서 부드러운 애정표현을 조금만 받는다면 세상에 있는 모든 옷가지와 휴가도 내놓을 용의가 있다는 것을 깨닫지 못하고 있었다.

남편은 본의 아니게, 아내의 가장 중요한 욕구, 즉 귀하게 여김을 받고 싶은 욕구를 간과하고 있었다. 이 욕구는 흔히 남편들에 의해 간과되고 있는데, 그것은 남성이 여성만큼 이 욕구를 강하게 느끼지 않기 때문이다. 그렇다고 해서, 그 타당성이 줄어드는 것은 아니다. 당신의 아내는 귀히 여김을 받을 필요가 있다. 그녀는 자기가 당신의 삶에서 제1의 자리를 차지하고 있음을 알고 싶어한다. 친구들과 하루 저녁을 보낼 것인지, 아내와 하룻밤을 보낼 것인지 둘 중에 하나를 선택해야 하는 상황이 되었다면, 아내는 당신이 자기를 선택하리라는 것을 알 필요가 있다. 아내는 당신이 의무감에서가 아니라 스스로 원해서 자기를 선택하기를 원하는 것이다.

나는 언젠가 우리 목사님 태론 다니엘스(Tharon Daniels)에게 사모님을 어떻게 귀히 여기는가를 물어 본 적이 있다. "나는 몇 년 전에 골프를 포기하기로 마음 먹었습니다. 약간 바보스럽게 들릴지 모르지만, 골프가 하루를 완전히 잡아먹은 거예요. 골프가 아내와 함께 있는 시간을 빼앗아 간다는 것을 발견했습니다. 아내 바바라(Barbara)는 나에게 골프보다 훨씬 더 중요합니다." 그는 그 결정이 모든 사람을 위한 것이 아니며 다만 아내를 귀하게 여기는 시도라고 말했다. 그리고 그 시도는 성공했다.

당신은 아내를 귀히 여기기 위해 무엇을 할 수 있는가? 당신은 얼마나 자주 "당신을 사랑해"라고 말하는가? 어떤 남자들은 입으로 그것을 표현할 필요를 느끼지 못한다. 그러나 모든 아내는 그 말을 듣고 싶어하는 '만족할 줄 모르는' 욕구를 지니고 있다. 당신의 아내도 하루 중 당신이 그녀를 생각하고 있다는 증거를 필요로 한다. 조그만 선물이나 "나 지금 당신을 생각하고 있어" 또는 "당신이 보고 싶어서 전화했어"와 같은 메시지는 그녀의 세상을 완전히 바꾸어 놓을 수 있다.

내가 카드나 쪽지를 아내에게 보내는 것이 그녀에게 얼마나 의미가 있는지를 상기시켜 주는 일이 최근에 있었다. 아내의 전화를 사용하기 위해 그녀의 책상에 앉았는데, 5년 전 아내를 위해 직접 만들었던 카드가 게시판에 붙어 있지 않은가!

한 남자로서, 당신은 온유하고 친절함으로 아내를 귀히 여긴다는 메시지를 전달하는 것이 아내에게 얼마나 큰 의미를 주는지 알지 못할 것이다. 마이크(Mike)는 귀히 여김을 받고 싶어하는 아내의 욕구를 충족시켜 줌으로써 놀라운 결과를 몸소 체험했다. 아내 브렌다(Brenda)가 오늘은 아주 바쁘고 쫓기는 하루가 될 것 같다고 말하는 것을 들었을 때, 마이크는 이미 출근시간에 늦어 있었다. 그는 거의 문을 나섰을 때, 내가 수련회에서 아내의 귀히 여김을 받고 싶어하는 욕구에 대해 말했던 것을 기억했다. 마이크는 다시 들어와 손가방을 내려놓고 아내 브렌다를 위해 커피를 따라 주었다. "당신 뭐하는 거예요?" 브렌다가 물었다. "직장에 늦겠어요." 아내 말이 맞다는 생각이 머리를 스쳐 지나갔다. 그때 마이크는 아내가 사랑받고 있다고 느끼길 원하는 욕구를 채워줄 수 있는 더없이 멋진 말을 했다. "당신은 나에게 일보다 훨씬 더 중요해요." 그 짧은 순간에도 마이크는 브렌다의 손을 꼭 쥐고서는 이렇게 말했다. "오늘도 당신을 생각하며 보낼 거예요." 브렌다는 남편에 대한 사랑으로 압도되었다. 그리고 마이크는 아내의 진실된 감사에 깜짝 놀라 그날 아침 내 사무실로 전화를 걸어 감사를 표현했다.

아내를 귀히 여긴다는 것은 골프 게임이나 직장에서의 성공을 포기하는 것을 의미하는가? 믿거나 말거나, 대답은 그렇지 않다는 것이다. 당신의 아내가 당신 삶에서 제일 중요한 자리를 차지하고 있으며 세상 그 무엇보다 중요하다는 것을 알게 되면, 그녀는 당신이 좋아하는 것을 하도록 격려할 것이다. 이것은 결혼이 가지고 있는 신비의 일부분이다. 여자가 진실로 귀히 여김을 받으면, 그녀는 남편의 독립을 격려할 정도로 자유해진다.

덕이 리사를 귀히 여기는 방법을 배우기 전에는, 남편의 낚시여행에 대해 리사는 불평하곤 했다. 사실, 리사는 헤어지길 원했다. "덕에게는 호숫가에 서 있는 것이 나보다 더 중요했기 때문이에요." 그러나 일단 덕이 리사를 제일 중요한 존재로 받아들이고 참된 다정함을 보여주기 시작하자, 리사는 기분 좋게 그를 놀라게 했다. "여보, 당신이 원한다면, 다음 목요일에는 당신이 낚시여행을 일찍 떠날 수 있도록 내가 모임에 대신 참석해 줄게요." 리사는 이제 그녀의 중요한 위치에서 안정감을 느꼈기 때문에 이러한 제안을 했던 것이다.

'사랑하고 아끼는 것'은 결혼서약에 나오는 말 정도로 끝나는 것이 아니다. 이것은 당신의 아내가 가지게 될 가장 중요한 욕구

중 하나이다. 이 욕구를 충족시킴으로써, 당신은 틀림없이 두 사람 모두에게 즐거움을 가져다 주는 관계를 누리게 될 것이다.

아내는 이해받고 싶어한다

"당신, 지금 내 말을 듣고 있는 거예요?" 아내의 말은 나를 선잠에서 깜짝 놀라 깨어나게 했다. 나는 아내가 부엌에서 말할 때 듣는 둥 마는 둥 낮잠을 자고 있었다. 아내는 고개를 내밀어 내가 등받이 의자에 다리를 뻗고 누워 있는 것을 보았다. "나는 15분 동안 마음을 다 털어놓고 얘기하고 있는데, 당신은 한다는 것이 고작 거기 앉아서 나에게 충고나 하는 거예요?"

'그렇다.' 나는 생각했다. '내가 무엇을 잘못했단 말인가?'

"나에게는 지금 충고가 필요 없어요. 나는 지금 이해받고 싶다고요."

나는 그녀의 말을 이해했다. 나는 아내가 직장에서의 힘든 하루를 이야기할 때 한마디도 빼놓지 않고 들었으며, 도움이 될 만한 몇 가지 제안도 했다. 그러나 그녀에게 필요한 것은 충고나 제안이 아니었다. 여자에게, 이해한다는 것은 감정을 확인해 주고 수용하는 것을 의미한다.

그것은 말처럼 쉬운 것이 아니다. 나는 심리학자이다. 나는 종종 내담자들과 바로 이런 일을 하면서 하루를 보낸다. 나는 사람의 고통에 공감하는 법을 알며, 그의 감정을 느끼고 이해했음을 전달하는 법을 안다. 그러나 내 생활로 돌아오면, 무엇인가가 나에게 아내의 말을 이해하는 것이 아니라 해결해 주기 위해 나서도록 만드는 것을 발견하게 된다. 아내가 무엇인가에 대해 나에게 말을 한다. 그러면 나는 수동적으로 듣고 있다가 충분히 들었다 싶으면 마치 다른 주제로 옮겨가야 될 것처럼 충고를 시작한다. 나는 경청을 하기보다는 강의를 하는 것이다. 오늘 이 시간까지도, 나는 있는 힘을 다해 자제력을 발휘하여 이를 꽉 물고 적극적으로 경청한다.

적어도 이것은 나 혼자만의 문제가 아니다. 다음 사실을 염두에 두라. 남자는 사석에서 말하는 것보다 공개석상에서 세 배를 더 말하고, 여자는 공개적으로 말하는 것보다 사석에서 세 배를 더 말한다.[5] 여성은 서로 경험을 비교해 보고, 서로 마음에 있는 것을 끌어내어 대화를 즐기려는 성향이 있다. 그러나 남편과 대화를 하게 되면, 많은 여성이 다음과 같이 느낀다. "남편과 말하는 것은 상대 선수가 없는 코트에서 혼자 테니스 치는 기분이에요."

아내의 이해받고 싶어하는 욕구를 충족시키려면, 당신은 적극적으로 경청할 필요가 있으며, 그녀가 말하고 느끼는 바를 깊이 생각하고, 순수하게 이해하고자 하는 마음이 있어야 한다. 여자는 그들의 감정을 확인받고 수용받고 싶어하는 욕구가 있다. 이 점은 아무리 강조해도 지나치지 않다. 그들은 당신이 그들이 보고 경험하는 대로 세상을 보고 경험하기를 원하며, 당신이 그런 식으로 세상을 보아서는 안된다고 말해 주는 것을 원치 않는다.

남자들은 경청하는 귀가 여자가 원하는 전부라는 것을 이해하는 데 때때로 어려움을 느낀다. 아내는 위로해 주는 포옹이나 "당신 마음이 많이 아픈 것 같아요" 또는 "당신 요즈음 마음에 부담이 많은 것 같아요" 하고 사랑 어린 말을 해주는 것을 원할 때가 많다. 재빠른 해결책을 제공하지 않고 아내가 말하는 것을 조용히 경청해 주는 것이 이해받기 원하는 아내의 욕구를 채워주는 유일한 방법이다.

아내는 존중받을 필요가 있다

남자들은 여자가 얼마나 존중받을 필요가 있는지에 대해 잘 모르고 있다. 왜 그런가? 남자들은 존중받지 못할 때 매우 다르게 반응하기 때문이다. 예를 들어, 존중받지 못한다고 느끼는 남자는 자기 의를 드러내고 화를 내기가 쉽다. 다른 사람이 그를 존중해 주지 않으면, 그는 더 존중의 가치가 있다고 느낀다. 그는 자신이 받을 자격이 있는 것을 얻기까지 주는 것도 조심한다. 여자들은 다르게 반응한다. 그들은 존중받지 못하면, 불안해하고 자아감각을 상실한다. 그러므로 배우자의 존중받기 원하는 욕구를 특별한 관심을 가지고 돌보는 것이 중요하다.

당신의 아내에게 존경심을 보여주는 데는 여러 방법이 있다. 우선 그녀를 변화시키거나 조종하려고 하지 말라. 오히려 그녀의 욕구와 소원과 가치와 권리를 존귀하게 여기고 알아주라. 나는 남편이 아내를 위해 문을 열어주는 전통을 소중하게 생각하는 한 여자를 알고 있다. 그녀가 자란 환경에서는 그것이 중요한 일이었기 때문이었다. 그녀는 이 관습이 약간 구시대적이라는 것을 알고 있었지만 자기에게 많은 것을 의미하기 때문에 남편에게 그렇게 해 줄 것을 요청했다.

그녀의 남편은 아내의 말을 심각하게 받아들이지 않았다. "당신 지금 농담하는 거죠?" 그는 이렇게 말하곤 했다. "요즈음 그렇게 하는 사람이 어딨어요? 그래서 우리가 자동차에 자동개폐장치(자동차에서 스위치를 누르면 대문이나 차고문이 열린다 - 역자주)를 해놓은 거 잖아요?" 아내의 요구를 웃어넘김으로써, 이 남편은 아내의 존중받기 원하는 욕구를 채워줄 수 있는 기회를 상실했던 것이다.

> **여자가 원하는 것**
> 사랑받고, 귀 기울여 들어주고, 사모의 대상이 되고, 존경받으며, 필요한 존재가 되고, 신뢰받으며, 때때로 그저 안아주기를 바란다.
>
> **남자가 원하는 것**
> 월드 시리즈 티켓
>
> 데이브 베리
> (Dave Barry)

당신의 아내를 존중하는 것은 동시에 중요한 결정에 아내를 포함시키는 것을 의미한다. 나는 아내의 생각은 전혀 아랑곳하지 않고 결혼에서 모든 권력을 행사하고 모든 결정을 혼자서 내리는 남편을 보면 그저 놀랍기만 하다. 나는 아내와 상의도 하지 않고 다른 도시로 직장을 옮기기로 결정한 남자들을 여럿 알고 있다. 이보다 빨리 여성의 자아감각을 무너뜨리고 행복한 결혼의 가능성을 파괴하는 것은 없다. 아주 작은 일이라 하더라도 무언가를 결정할 때, 아내의 의견을 물어봄으로써 아내의 자존감과 안정감을 높여주라. 아내에게 영향을 미칠 결정을 할 때는 다음과 같이 말하라. "나는 … 에 대해 생각중인데, 당신은 어떻게 생각해요?" 또는 "나는 우리가 … 해야 한다고 생각하는데, 당신 같으면 어떻게 하는 것이 좋겠어요?"

아내를 존중한다는 것은 그녀가 자신의 꿈과 소원을 이루도록 지원하는 것을 뜻한다. 나에게는 시카고에서 사업을 하는 리치 존스(Rich Jones)라는 친구가 있다. 몇 해 전에 그의 아내 로라(Laura)는 신문기자가 되겠다는 진로 목표를 세웠다. 노스웨스턴 대학에서 공부를 마치고 로라는 그들이 살고 있는 도시의 조그만 신문사에서 첫번째 보도업무를 담당하게 되었다. 한두 해가 지난 후, 로라는 다른 주로부터 TV 기자역을 맡아 달라는 제안을 받게 되었다. 그 시점에 리치는 자기가 갈림길에 놓여 있음을 깨달았다. 그는 로라의 꿈을 존중하기로 약속했는데, 그것이 이사 가는 것을 의미한다고는 생각지도 못했다. 리치는 로라의 소망이 너무 크다고 불평할 수도 있었을 것이다. 자신도 직업적인 생활을 하는 것은 마찬가지가 아닌가! 그러나 리치는 약속을 지켰고 계속해서 그녀의 꿈을 지원해 주었다. 그녀도 남편을 위해 지원을 아끼지 않았다. 오늘날 그들은 로라가 텔레비전 네트워크 진행자로 일하고 있는 시카고에서 행복한 결혼생활을 하고 있다.

존경하는 것은 이렇게 말하는 것이다. "나는 당신을 지원해요. 당신은 나에게 귀중한 존재예요. 당신은 당신 자신이 되는 것이지 다른 사람이 될 필요는 없어요." 이러한 인격적 존중에 대한 보답으로 여성은 긴장을 풀고 쉴 수 있을 것이다. 그녀는 자신이 남편과 대등한 존재임을 증명하고 싶은 충동적 필요를 느끼지 않을 것이다. 그녀는 자동적으로 남편과 동등하게 느끼고 실제로 동등한 존재가 될 것이다. 여성과 함께 사는 데 이보다 더 행복한 길이 있을까?

모든 아내가 남편에 대해 알아야 할 것들

한 남자의 독특한 필요를 채우는 데 있어서 그 아내만큼 중요한 역할을 하는 사람은 없다. 심리학자들은 남자의 욕구가 무엇인지를 밝혀 내었다. 그런데 그 욕구를 충족시킬 수 있는 사람은 오직 그 아내뿐이다. 결혼생활에서 남편이 가장 기본적으로 필요로 하는 것은 이것이다. 칭찬의 대상이 되고, 자율성을 누리고, 활동을 공유하는 것이다.

남편은 칭찬의 대상이 될 필요가 있다

"스코트(Scott), 이거 멋진데요. 당신 일하는 솜씨가 대단해요." 캐리(Kari)의 눈은 남편이 만든 베란다의 꽃상자를 보면서 감탄한 듯 빛났다. "당신 정말 훌륭하네요."

"상자를 만드는 게 재미있었어요." 스코트는 말했다. "그렇지만 그게 뭐 그리 대단한 거라고."

"여보, 당신은 자신의 능력을 과소평가하고 있어요. 당신은 정말 대단해요."

스코트는 겉으로 내보이지는 않았지만, 속으로 아내의 칭찬을 만끽하고 있었다. 기분이 좋았다. 그로 하여금 자신이 칭찬과 고마움의 대상임을 느끼게 해주는 데에는 캐리만한 사람이 없었다. 캐리도 이것을 인식하고 있었다. 그녀는 주로 남자들이 강하게 느끼는 이 욕구를 알아내서는, 기회가 있을 때마다 남편의 욕구를 흡족하게 채워주었다. 캐리의 감탄은 순수한 것이지, 결코 과장된 것이 아니었다. 그녀는 스코트의 가장 열렬한 팬이었다. 그리고 그들의 결혼은 그녀의 칭찬으로 인해 말로 다 할 수 없는 혜택을 누리고 있었다.

칭찬받으려는 것은 남자의 일차적 욕구이다. 그는 그의 크고 작은 성취를 통해서 그의 가치를 측정하며 그의 성취를 인정받고 싶어한다. 여성에게도 존중과 칭찬에 대한 욕구가 중요한 것이 사실이지만 남자의 욕구만큼 강하지는 않다. 여성이 칭찬받기를 원할 때에는, 사실 더 정확하게 말한다면 감정을 확인받고 이해받기를 원하는 것이다. 칭찬받는 것에 관한 한, 남자와 여자는 상당한 차이가 있다. 남자는 그들이 하는 것에서 그들의 가치를 끌어낸다면, 여자는 자신이 누구인가에서 가치를 끌어낸다.

이런 식으로 한 번 생각해 보라. 여자가 배우자로부터 칭찬을 받지 못하면, 그들은 노력해서라도 칭찬받으려고 동기가 발동하는 성향이 있다. 그러나 남자는 배우자에게서 칭찬을 받지 못하면, 노력하려는 마음조차 상실하기 시작한다. 칭찬의 대상이라는 느낌이 없으면, 남자의 에너지는 고갈된다. 그는 곧, 자신은 누구를 돕기에 적합하지 않으며, 그럴 능력 또한 부족하다고 느낀다.

칭찬을 받지 못하면, 남자는 주고 싶은 의지를 상실한다.

　비판하는 말 한마디가 남자의 개인적인 힘에 얼마나 큰 손상을 입히는지 당신은 알지 못할 것이다. 남자는 칭찬받지 못할 때, 당신이 감정을 무시당할 때와 똑같이 반응한다. 그것은 사기를 완전히 꺾어 버리는 결과를 낳는다.

　나는 한 여성을 상담한 적이 있는데, 그녀가 남편을 비판한 후에도 남편이 그녀의 인정을 받기 위해 더 이상 노력하지 않자 혼란스러워하는 것을 보았다. 그녀는 남편을 인정하는 말을 하지 않음으로써, 남편이 자기에게 더 많은 것을 주도록 조종할 수 있다고 잘못 믿고 있었다. 그러나 그것은 남자에게 전혀 효력이 없다. 칭찬은 남자가 계속 움직이는 데 필요한 휘발유와 같은 것이다. 남자는 칭찬을 받으면 힘이 생긴다.

　자, 이제 당신이 배우자에게 칭찬의 말을 퍼붓기 전에, 주의해야 할 것이 있다. 절대로 꾸며서 칭찬을 해서는 안된다. 남편에게 아첨하는 말을 하면, 오히려 역효과를 거둘 수도 있다. 당신의 칭찬이 어떤 가치를 지니기 위해서는 당신의 느낌을 순수하게 나타내야 한다.[6]

남편은 자율성을 누릴 필요가 있다

　결혼하고 처음 일 년 동안, 나는 내가 집에 돌아왔다는 것을 알리기 위해 레스의 서재에 뛰어 들어갔던 것을 기억한다. 그는 소름

끼치게 힘든 박사과정을 밟고 있었고, 나는 막 새로운 직장생활을 시작하는 중이었다. "여보, 잘 지냈어요?" 나는 살며시 그의 책상 뒤로 다가가 그의 목을 껴안았다.

그는 거의 움직이지도 않은 채 앉아서 노란 쪽지에 메모를 했다. 그래서 나는 다시 물었다. "여보, 당신 오늘 별일 없었어요?"

이번에는 조그만 소리를 들을 수 있었다. "으음." 그는 콧소리로 대꾸했다.

"당신 내가 하루 종일 겪은 일을 들으면 믿기 어려울 거예요." 나는 말을 시작했다.

레스가 말을 가로막았다. "자, 잠깐만 참아줘요. 그럴 수 있죠?"

나는 풀이 죽어서 낙심한 채 방에서 걸어 나왔다. 그러면서 생각했다. '왜, 남편은 내가 그에게 보이는 관심을 환영하지 않는 것일까? 그가 그런 식으로 나에게 인사를 했다면 나는 하던 일을 모두 멈추고 반색을 했을 텐데…'

좀더 세월이 흐른 다음에야, 나는 진실을 깨달을 수 있었다. 남자와 여자는 스트레스에 다르게 대처한다는 것을 말이다. 『화성에서 온 남자, 금성에서 온 여자』(Men Are From Mars, Women Are From Venus)의 저자 존 그레이(John Gray)는, 남자는 스트레스를 받으면 "점점 초점을 맞추며 안으로 움츠러드는데, 여자는 점점 압도되어 감정적으로 뒤얽히게 된다. 이때 기분 좋게 느끼는 것은 남자와 여자에게 다르게 나타난다. 남자는 문제를 해결함으로써 기분이 좋아지고, 여자는 문제에 대해 대화를 함으로써 기분이 더

좋아진다."⁷

일단 이 차이를 이해하자, 남편의 일차적인 필요 중 하나인 자율적으로 혼자 있기 원하는 욕구를 채워줄 수 있게 되었다. 이것은 보편적인 남성의 욕구이다. 남자가 스트레스를 받으면(중요한 마감 날짜가 다가오면, 그는 일터에서 압박감을 느낀다), 그에게는 약간의 공간이 필요하다. 이럴 때 그는 멍해지고, 무반응적이 되고, 열중하게 되고, 몰두하게 된다. 남자는 여자와 달라서 자기가 처한 상황에 대해 말하기를 원치 않으며, 위로받거나 포옹받는 것을 원치 않는다. 적어도 혼자 시간을 갖기 전까지는 그런 지원을 원치 않는다.

내가 너무 일찍 레스를 문제로부터 떼어놓으려 하면, 나는 그의 관심을 조금밖에 끌 수 없다는 것을 경험을 통해 배웠다. 무엇이든 그때 그의 마음을 사로잡고 있는 생각에 그가 몰두하고 있기 때문이다. 마치 그는 생각을 조절할 시간을 잠시라도 갖기 전까지는, 내가 원하는 관심을 나에게 줄 능력이 없는 것처럼 보인다. 이제는 알 만큼 알기 때문에 "지금은 내가 끼어 들어도 되는 시간이에요?" 하고 묻는다. 그러면 그는 "한 5분만 더 시간을 줄래요?" 또는 "먼저 뉴스를 보면서 마음 좀 돌리게 해줄래요?" 하고 말한다.

자율성에 대한 욕구의 일부분은 남자가 재충전을 위해 필요로 하는 시간에 대한 욕구와 연결된다. 몇몇의 주부는 남편이 직장에서 집으로 돌아오자마자 즉시 그들의 하루에 대해서 말하지 않는다고 불평한다. 그들은 관계 속으로 들어오기 전에 먼저 마음을 비우기 위해 신문을 보거나 잔디에 물을 주길 원한다. 이것은 남자의 세계이다. 당신이 이해가 되든 안되든, 남편에게 시간을 주는 것은 당신이 더 행복한 남편을 얻을 수 있는 방법이다.

남편에게 자율성을 준다는 것이 나에게는 배우기 어려운 교훈이었다. 내가 지원받기를 원하는 방식대로, 나는 본능적으로 그를 지원해 주고 싶었다. 예를 들어 내가 그의 입장이었다면, 나는 기분이 어떠냐는 질문을 많이 받기 원했을 것이다. 나는 남편의 품에 안긴 채 응석을 부리고 싶었을 것이다. 그러나 그것은 여자의 방식이지 남자의 방식은 아니다.

남편은 활동을 공유할 필요가 있다

탐(Tom)이 켈리(Kelly)에게 LA 다저스 게임을 구경가자고 제안한 것은 선선한 가을 어느 날이었다. "그거 참 좋은 생각이에요. 몇 시인데요?" 켈리가 말했다.

그들은 데이트 날짜를 잡았고, 탐은 전화를 끊고 미소를 지었다. 이것은 지난 4주 동안 있었던 데이트 중 네번째 데이트였다. 그리고 그는 여자 친구가 야구경기에 같이 가자는 자신의 제안을 기뻐한 것이 기분 좋았다.

탐과 켈리는 게임을 보면서 즐거운 시간을 가졌고, 시즌에 몇 차례의 경기를 더 구경했다. 그들은 또한 자동차 구경도 함께했다. 특별히 차가 필요해서 구경한 것은 아니었다. 탐은 단순히 새로운 최근 모델을 살피는 것을 즐겼을 뿐이고, 켈리도 그것을 즐기는 것처럼 보였다. 그들의 관계는 점점 더 진지하게 발전했다. 그리고 탐은 자기와 취미가 비슷한 여자를 찾은 것에 안도감을 느끼고 있었다.

겨울이 다 가기 전에, 탐은 켈리가 자기에게 맞는 여자임을 확신했다. 그들은 그 이듬해 봄에 결혼했고, 결혼생활은 꿈만 같았다. 그러나 결혼한 첫해, 야구에 대한 켈리의 관심은 시들기 시작했다. 두 사람은 함께 야구경기를 구경할 때도 있었지만, 직접 야구장에 가는 것에는 흥미를 잃어가고 있었다. 그리고 탐이 다가오는 자동차 쇼에 함께 갈 것을 제안했을 때, 켈리는 제발 혼자 갈 수 없느냐고 사정했다.

> 당신이 같은 음의 고저 안에서 같은 리듬으로 이중주를 연주하는 것을 배우지 않으면, 배우자와의 불화는 점차 커져 처음에는 비밀스럽고 심리적이던 것이 나중에는 공공연히 비참하게 두 사람을 갈라놓는 쐐기를 박을 것이다.
>
> 월터 웬거린 2세
> (Walter Wangerin, Jr.)

"나는 당신이 자동차 구경을 좋아한다고 생각했는데." 탐이 불평을 털어놓았다.

"여보, 좋아해요. 다만 당신만큼 즐기는 편은 아니에요." 아내 켈리가 말했다.

이 말에 탐은 놀랄 수밖에 없었다. 그 다음 한 해를 보내는 동안, 탐은 아내와 공통점이 별로 없다는 것을 발견했다. 가끔 외식하는 것을 제외하고는 말이다. 탐은 켈리와 '재미'있는 시간을 더 많이 보내고 싶었지만, 아내는 남편이 좋아하는 것을 하는 것으로 만족해 하는 것처럼 보였다. 상처를 받아 실망한 탐은 가끔 아내가 왜 자기와 같이 하는 것을 원치 않는지 의아해 했다.

남편과 아내 사이의 큰 차이 가운데 하나는 감정의 친밀감에 대한 생각을 서로 달리하는 데 있다. 만일 당신이 대부분의 여성과 다를 것이 없다면, 친밀감은 비밀을 나누고, 마음을 나누는 대화를 하며, 서로 껴안는 것이라고 생각할 것이다. 그러나 남자는 친밀감을 다른 방법으로 이루어 간다. 남자는 어떤 활동을 함께함으로 연결을 시도한다(남자는 성취에 초점을 맞춘다고 한 말을 기억하라). 정원에서 함께 일을 하고, 자동차 세차를 함께하고, 영화 구경을 함께하는 것이 남편에게는 가까움을 느끼게 한다.

남편은 아내와 오락을 함께하는 것에 중요성을 크게 부여한다. 허허벌판에서 남자가 손에 맥주를 들고, "이보다 더 나은 것이 없지" 하고 말하는 광고는 거짓이다. 아내가 남편이 즐기는 운동이나 활동을 공유할 때 서로의 관계는 훨씬 더 나아질 수 있다.

레스가 최근에 타호아 호수에서 강연을 마치고 귀가했다. 떠날 때 그는 하루 먼저 가 혼자서 마음대로 스키를 탈 수 있다며 좋아했었다. 나는 그런 희망을 가지고 떠나는 남편을 보며 행복해 했다. 그는 빠르게 스키 타는 것을 좋아한다. 함께 스키를 탈 때, 나는 언제나 그가 빠르게 스키 타는 것을 방해하는 역할을 하는 편이다. 그러나 그가 여행을 마치고 돌아왔을 때, 나는 그의 이야기를 듣고 충격을 받을 수밖에 없었다. "가루눈이 좋았고 날씨도 완벽했지만, 당신과 같이 스키 타는 것보다는 못했어요." 뭐라고! 나는 그 동안 내가 그를 성가시게 하는 귀찮은 존재라고 생각했는데, 그는 나와 함께하지 않으면 진정으로 즐기지 못한다는 것이 드러난 것이다.

　나는 많은 여성을 상담하는 중에 다음과 같은 질문을 하는 사람을 여럿 만났다. "당신은 함께 공통적으로 할 활동이 별로 없을 때 무엇을 어떻게 합니까?" 대답은 다음과 같다. 당신의 관심영역을 개발하라. 함께 재미있게 할 일이 없어서 배우자와 멀어지는 걸 방치하지 말라. 나는 아내가 남편과 재미있고 여유로운 시간을 함께 보내기 위해 그녀의 창조적인 에너지를 사용하지 않았기 때문에 부부관계가 시들어 가는 것을 많이 보아 왔다. 남편이 즐기는 오락적 관심사가 어떤 것인지 한 번 목록을 만들어 보라. 몇 가지 예를 들어보면, 골동품 수집, 요리, 댄스, 등산, 승마, 조깅, 영화 구경, 아이스 스케이팅, 요트 경기, 음악 감상, 수영, 여행, 걷기, 목공예, 낚시 등이 있다. 당신의 목록은 가능한 한 길수록 좋다. 목록을 만든 다음에는 당신이 재미있어 할 만한 활동을 골라 표시하라. 당신은 아마 남편과 함께 즐길 수 있는 활동을 대여섯 가지는 발견할 수 있을 것이다. 그 다음에 당신이 해야 할 일은 이 활동을 당신의 오락계획에 포함시키는 것이다.

　당신이 함께 오락을 즐기고 싶어하는 남편의 욕구를 채워주면, 당신은 남편과 아내일 뿐 아니라 가장 친한 친구도 될 수 있다는 것을 발견하게 될 것이다.

묵상을 위하여

- '남녀의 차이' 하면 언뜻 머리에 떠오르는 것은 무엇인가?
- 최근에 전문가들은 남녀 차이를 말할 때, 그 차이를 제거하려 할 것이 아니라 오히려 축하하고 인정하라고 말한다. 왜 그렇다고 생각하는가?
- 한 마디로 당신은 남녀의 근본적 차이가 남자는 주로 성취에 초점을 맞추어 행동하고 여자는 관계를 동기로 행동한다는 것에 동의하는가? 이 의견을 뒷받침할 만한 예를 들어 보라.
- 남편은 보통 감정적인 친밀감이 아내에게 얼마나 중요한가를 제대로 이해하지 못한다. 남편은 말한다. "나는 아내와 이런저런 것을 함께하고 싶은데, 아내가 원하는 것은 대화하는 것이 전부인 것 같아요." 이것은 누구의 문제인가? 남편, 아내, 아니면 두 사람? 이 오해는 남녀의 차이와 어떻게 관련되어 있는가?

참된 사랑의 길은 결코 평탄하지 않다

셰익스피어 (Shakespeare)

여섯번째 질문
당신은 부부싸움을 잘하는 법을 아는가?

"나도 머리가 있단 말이에요?" 나는 소리를 질렀다.
"당신을 도우려고 하는 거예요. 당신이 마음을 열면 내가 도와줄 수 있잖아요." 레스가 대답했다.
우리는 친구들과 주말여행을 하는 중이었는데, 그 목소리는 샌프란시스코 전체에 메아리치는 것 같았다. 우리가 전차를 타려고 애쓰는 중에 이 큰 싸움이 일어났다.
전차가 언덕 꼭대기에 도착했을 때 우리는 전차에 올라타려는 시도를 세번째 하고 있었다. 그의 팔에 매달린 나를 데리고 레스는 자리를 확보하려고 했으나, 나는 결국 뒤로 물러나고 말았다.
"이것은 미친 짓이에요!" 나는 소리를 질렀다.

"제발 나를 믿고 따라해요. 나도 내가 뭘하는지 알고 있다고요." 레스가 나를 달랬다.

팽팽한 긴장감이 감돌았다. 처음부터 우리의 말싸움을 지켜 보고 있던 랜디(Randy)와 팸(Pam)이 조용히 서 있었다. 난처해진 그들은 우리의 고함소리를 피해서 결국 길을 건너갔다.

"당신은 왜 나를 신뢰 못하는 거예요?" 레스가 물었다.

전차를 탄 관광객들이 부부싸움을 구경하려고 차창 밖으로 머리를 내밀고 있을 때, 나는 이렇게 대꾸했다. "나의 안전에 있어서 하나님은 신뢰하지만, 당신은 신뢰할 수 없다고요." 이 말은 우리 집에서 두고두고 입에 오르내리는 유명한 말이 되었다.

우리는 큰 싸움을 꼭 많은 사람들 앞에서 하는 것 같다. 또 한번은 우리가 주말 부부수련회를 인도하러 가는데, 예정시간에 늦고 있었다. 레슬리는 사무실에서 마지막으로 자료를 챙기고, 나는 조바심을 내면서 차에서 기다리고 있었다.

'레슬리, 일을 망치지 말아요.' 나는 중얼거리고 있었다. '그녀가 곧 나올 테니까 마음을 편히 하고, 그녀에게 화내지 말아야지.' 5분을 가리키던 바늘이 15분을 가리켰다. '그녀가 나오니까 이를 꽉 물고 화내지 말고 참자.'

아내 레슬리가 차에 오를 때, 부슬비가 내리고 있었다. 그러나 그녀가 차문을 닫으려고 손을 뻗치는 순간, 아내가 들고 있던 노트와 수백 장의 유인물이 길바닥 진흙 위로 미끄러져 떨어졌다.

나는 더 이상 참을 수가 없었다. "그거 봐요." 나는 준엄한 목소리로 말했다. "나 정말 환장하겠네. 이제 어쩌자는 거예요. 당신은 도대체…."

"이 수련회를 하기 원했던 것은 당신이에요." 레슬리가 말을 막았다.

"지금 와서 나한테 그런 말 하지 말아요! 당신은…" 이렇게 내뱉은 말을 취소하려고 할 때 나의 격앙된 목소리는 갑자기 중단되었다. 자동차 문이 활짝 열려 있고 종이는 사방에 흩날리고 있는데, 나는 우리의 헐뜯는 말이 옆에 지나가고 있는 몇몇 동료에게 들리고 있다는 것을 불현듯 깨달았다. 그들은 앞만을 주시하면서, '결혼전문가'들의 싸움을 못 본 척하고 지나치고 있었다. 그러나 우리 부부가 폭발하고 있음을 부정할 방법이 없었다. 이미 말한 것처럼, 우리는 언제나 사람들 앞에서 공개적으로 '대판 싸움'을 하는 성향이 있는 것 같다.

> 결혼은 가끔 부부싸움으로 얼룩무늬를 놓는 기다란 대화이다.
> ─ 로버트 루이스 스티븐슨
> (Robert Louis Stevenson)

오해는 결혼의 자연스런 부분이다. 남자와 여자가 아무리 사랑한다 해도, 갈등은 겪게 마련이다. 두 사람이 언제나 똑같은 것을 원할 것이라고 기대하는 것은 비현실적이다. 부부관계에서 갈등은 불가피하다.

당신이 아직 결혼하지 않았다면, 이 말이 이해가 안 갈 수도 있다. 그러나 이해하게 될 것이다. 신혼부부의 37%가 결혼 후에 배우자를 더 비판하게 되었다고 인정했다. 그리고 30%는 말싸움이 늘었다고 했다.¹ 오늘날, 스트레스를 잔뜩 지닌 맞벌이 부부들은 과거 어느 때보다도 조정할 일이 더 많아졌다. 따라서 갈등 가능성은 그만큼 더 높아졌다. 그러나 타협하여 문제를 해결할 줄 아는 부부에게는 갈등이 부부간의 친밀감을 더 깊게 해줄 수도 있다. 그 비결은 싸우는 방법을 아는 것이다.

이것을 먼저 분명히 해두자. '공정하게 싸우는 법을 아는 것은 당신이 행복한 부부로 사는 데 결정적으로 중요하다.' 사랑만으로는 현대 생활의 혼잡함 속에서 관계를 유지하기가 어렵다. 사실 사랑은 부부가 결혼생활을 유지하는 척도가 되지 못한다. 연구결과에 의하면, 결혼을 유지하는 데 있어 훨씬 더 중요한 것은 부부가 의견의 불일치를 어떻게 다루느냐 하는 것이다.[2] 많은 부부들은 갈등을 다루는 법을 알지 못한다. 어떤 부부는 조용함과 침착함을 부부화목으로 착각하고 갈등을 해결하기보다는 그냥 넘어가려고 갖은 노력을 다한다. 부모가 서로에게 폭발하는 것을 보고 자란 젊은 부부는 잘못된 싸움법을 배운다. 그래서 그들의 싸움은 곧 서로를 헐뜯는 모욕과 학대로 전락한다.

이 장에서 우리는 당신에게 공정하게 싸우는 법과 독기 있는 부부싸움 지수를 낮추는 법을 보여주려고 한다. 먼저 대부분 부부들이 걸려 넘어지는 몇 가지 공통된 문제를 살펴봄으로 우리의 '논쟁 훈련'을 시작할 것이다. 그리고 나서 당신이 멀리해야 할 치명적인 갈등 스타일 네 가지를 부각시켜 설명할 것이다. 그 다음에는 부부싸움이 왜 당신 결혼에 유익할 수 있는지를 말하고 나서 '선한 싸움'을 싸우기 위한 '규칙'을 제시하려고 한다.

부부는 무엇에 대해 싸우는가?

그렇다면 부부를 서로 싸우게 만드는 주제들은 무엇인가? 돈? 섹스? 양측의 식구들? 반드시 그런 것만은 아니다. 결혼생활에서 불화를 일으키는 것은 시간을 많이 필요로 하는 문제들이 아니다. 결혼의 기초를 분열시키는 문제들은 극히 사소하고 너무나 시시한 것들이다.

플로리다 주로 여행을 간 마이크(Mike)와 베키(Becky)는 그곳에 도착한 지 사흘 만에 짐을 싸며 집으로 돌아갈 채비를 하고 있었다. 즐겁게 여행을 하는 대신에, 그들은 싸우느라 온밤을 지샜다. 남편은 썬크림 병에 모래를 묻혀 놓았고, 아내는 해변가 모래 위에 앉아 있고 싶어한 반면에 남편은 수영장에 있고 싶어했다. 또 아내는 저녁에 나갈 준비를 하는 데에 너무나 오래 시간을 끌었다. 마이크와 베키가 일주일 뒤에 집에 돌아왔을 때, 둘은 그 휴가가 완전한 실패작이었다는 데 의견을 같이했다. 왜 그런가? 심각한 문제로 싸웠기 때문인가? 아니다. 그들은 별로 대수롭지 않은 문제로 서로 티격태격했던 것이다.

그러나 대부분의 갈등이 비교적 사소한 것에서 시작된다는 사실은 중요한 주제들을 감소시키지는 않는다. 결혼에서 일정한 주제가 거론되면 보편적으로 적색경보가 울리는 것처럼 보인다. 행복한 부부나 불행한 부부나 같은 주제를 가지고 씨름한다(비록 싸움의 심도와 빈도수는 크게 다르지만 말이다).[3]

'큰 문제' 목록을 보면, 돈이 부부생활에 첫번째 갈등요인으로 나타나고 있다.[4] 부부들은 계속해서 재정적 결정에 직면하여 "누구의 돈인가?"를 묻게 된다. 많은 부부들이 돈 문제는 돈이 얼마나 있느냐 없느냐와 전혀 상관없이 일어난다는 점을 놀랍게 생각한다. 부부는 그들의 수입과 관계없이 돈 문제를 놓고 싸운다. 어떤 부부는 여행장소를 놓고 싸우기도 한다. 그런가 하면, 어떤 부부는 자기네 형편이 여행을 가기에 적합한지에 대해서 싸우기도 한다.

    수입이 많으면 스트레스를 줄일 수는 있지만, 그렇다고 해서 싸우지 않는 것은 아니다. 대부분의 부부들은 수입과 관계없이 서로 다른 소비와 저축 스타일을 가지고 있다. 한쪽이 일단 쓰고 보자는 스타일이라면, 다른 한쪽은 한 푼이라도 아끼자는 구두쇠 스타일이다. 돈 문제에 대해 드러내 놓고 대화하는 것이 아마 부부들이 해소해야 할 가장 어려운 문제인지도 모른다. 돈 문제 해결의 출발점은 서로의 소비 스타일에 대한 대화를 시도해 보는 것이다. 어린 시절, 돈에 대해 당신은 어떤 개념을 정립했는가? 소비할 때 우선순위가 무엇인가? 소비의 우선순위가 서로 일치하는가? 우선순위가 서로 틀린다고 해서 놀라지 말라. 여기서의 목표는 서로 타협하는 것이다. 나는 옳고 당신은 그르다는 식의 사고방식을 떨쳐 버린다면, 주고받는 것이 훨씬 더 수월할 것이다.

연습문제 ⑰

| 문제의 주제 식별하기 |

당신이 중요하게 생각하는 주제가 무엇인가를 아는 것은 당신과 배우자가 그 문제에 대해 특별한 주의를 기울이도록 도와줄 것이다. 많은 부부들은 그들의 배우자가 무슨 문제에 화를 내고 싸우는지를 알지 못하는 가운데, 항상 지뢰밭을 걷는 기분을 느끼고 있다. 워크북 연습문제 '문제의 주제 식별하기'는 당신과 배우자가 잠재적 문제의 주제를 미리 식별하게 도와줌으로 당신이 부부싸움에 효과적으로 대처하게 해줄 것이다.

불행한 부부들의 잘못된 태도

시애틀에서의 어느 토요일 아침이다. 한 신혼부부가 최신형 CD로 바하의 브란덴부르크 협주곡 4번을 들으며 커핏잔을 비우고 있었다. 놀라울 정도로 햇살이 밝은 아침이었다. 이 부부는 창 너머 호수를 미끄러져 나가는 유람선 때문에 신문을 제대로 읽을 수가 없었다.

그러나 이런 목가적인 장면 뒤에는 무엇인가 다른 것이 있었다. 부부의 간편한 의상 아래에는 그들의 심장박동을 기록하는 모니터가 피부에 부착되어 있었다. 다른 기구는 그들의 땀(발한작용)을 측정하고 있었다. 그들의 모든 동작, 얼굴표정, 대화가 벽 세 면에 장착된 비디오카메라로 촬영되고 있었고, 관찰자들은 한쪽에서만 보이는 유리를 통해 그 부부를 지켜 보고 있었다. 내일은 더 세밀한 분석을 위해 혈액검사까지 하게 되어 있었다.

이것은 쾌적한 해변가 아파트가 아니라 워싱톤 대학교에 있는 심리학 실험실에서 벌어진 일이다. 그리고 이 부부는 존 고트만(John Gottman) 박사의 연구에 참여하는 피실험자들이다. 고트만 박사와 그의 연구팀은 최신의 고도장비를 이용하여 지난 20여 년간 어떤 결혼이 향상되며 어떤 결혼이 악화되는가를 연구해 왔다. 그들은 이제 95%의 놀라운 정확도를 가지고 결혼의 성패를 예측할 수 있게 되었다.

고트만 박사는 부부가 갈등을 다루는 것을 관찰함으로써 그 부부의 약점을 지적하고 파경을 예측할 수 있다. 네 가지 나쁜 징조(고트만은 이를 '계시록의 네 마리 말'이라 부른다)가 갈등 가운데 나타나면 위험은 곧 닥친다. 말 하나가 도착하면, 그 다음 말이 따라오게 되어 있기 때문이다. 이 불길한 상호작용 방식은 갈등을 건설적으로 해결하려는 노력을 방해한다. 더 위험한 순서대로 방해물을 열거하면 다음과 같다. 비판, 멸시, 방어적 태도, 돌담 쌓기.[5]

비판

"나는 창고세일에서 VCR 하나를 단돈 200불에 샀습니다. 말리(Molly)는 이것을 보자마자 폭발했습니다." 스티브(Steve)는 최근에 있었던 말다툼에 대하여 우리에게 털어놓았는데, 그의 아내 말리는 자신이 스티브의 소비습관에 대하여 거듭 불평하게 된다고 말했다. 두 사람은 처음부터 근검절약하기로 합의를 보았다. 그러나 그들은 서로 근검절약에 대한 생각이 달랐다. 예를 들어, 스티브는 방에서 나갈 때 전등 끄는 것을 잊고 있었으며, 말리는 다음 번 식료품가게에 갈 때 쓰려고 쿠폰을 오려모으고 있었다. 남편이 자기의 기준에 미치지 못할 때, 말리는 불평을 하였다.

말리의 불평은 정당화될 수 있는가? 우리는 그렇다고 생각한다. 그녀가 옳아서가 아니라 그녀에게 불평할 수 있는 권리가 있기 때문이다. 불평은 건강한 부부가 할 수 있는 행동이다. 불평이 기분 좋게 들릴 때는 거의 없지만 결과적으로 봤을 때, 불평을 억압하는 것보다는 결혼생활을 더 견고하게 해준다.

그러나 말리는 자기도 모르는 사이에 위험한 경계선을 넘어서고 있었다. 시간이 지남에 따라서, 그녀는 불평이 스티브의 소비습관을 변화시키지 못한다는 것을 알았다. 그때 그들의 결혼에 악영향을 끼칠 잠재력이 있는 일이 일어났다. 그의 '행동'에 대하여 불평하는 대신에, 그녀는 '남편'을 비판하기 시작했던 것이다. "당신은 덩치 값도 못하고 있어요. 당신은 자신이 원하는 것은 뭐든지 다 하고 있어요. 어른 아이와 사는 기분이에요."

불평과 비판 간에는 별 차이가 없는 것처럼 보일 것이다. 그러나 차이가 있다. 비판은 다른 사람의 행동보다는 그의 인격을 공격한다. 일반적으로 말해서, 비판에는 남에게 탓을 돌리는 것과 인격적인 공격과 비난하는 일이 따른다. 그에 반해 불평은 당신이 원하는 대로 되지 않을 때 내뱉는 부정적 발언이다. 보통 불평은 '나'로 시작되지만, 비판은 '너'라는 말로 시작된다. 예를 들어, "나는 우리가 더 자주 외출을 할 수 있었으면 좋겠어요" 하고 말하는 것은 불평이다.

> 갈등은 기분과 감정의 불을 창조한다. 그리고 이 불은 다른 모든 불과 마찬가지로 두 측면, 즉 타는 면과 빛을 발하는 면이 있다.
> ─ 칼융(Carl Jung)

그러나 "당신은 나를 어느 곳에도 데리고 가는 적이 없어요" 하고 말하는 것은 비판이다. 비판은 불평을 한 수 더 뛰어넘는다. 너무 세밀하게 구분하는 것처럼 들릴지 모르지만, 비판을 받는 것은 불평을 듣는 것보다 훨씬 더 기분이 나쁘다.

멸시

결혼 1주년이 될 때까지, 스티브와 말리는 아직 그들의 재정적인 차이를 해소하지 못했다. 특별히 심하게 싸우던 어느 날, 말리는 찢어지는 듯한 소리로 "왜 당신은 항상 그렇게 무책임한 짓만 하는 거예요? 당신은 너무나 이기적이에요" 하고 고함을 질렀다.

질려 버린 스티브가 대꾸했다. "숨 좀 쉬며 살자고요. 당신은 너무 빈틈없이 꽉 차있어서 답답할 지경이에요. 내가 어쩌다 당신 같은 여자를 만났는지 모르겠어요." 두번째 나쁜 징조인 멸시가 등장한 것이다.

결혼생활을 한 지 4년이 되었든 40년이 되었든, 멸시는 관계를 해치는 암적인 독소이다. 고트만 박사에 의하면, 비판과 멸시가 다른 것은, 멸시에는 "배우자를 모욕하고 심리적으로 학대하려는 의도"가 담겨 있기 때문이다. 멸시를 해서는 안된다는 법이라도 있어야 할 것 같다. 왜냐하면 멸시는 인격의 핵심을 건드려서 관계를 밑에서부터 흔들어 놓고 고통을 가하기 때문이다. 멸시는 부부 관계를 힘들게 하고 서로에 대한 모든 긍정적인 감정을 없애버린다. 멸시의 가장 흔한 형태로는 인격모독, 적개심이 담긴 농담, 비웃음(조롱) 등이 있다. 그리고 일단 이런 멸시풍조가 가정에 들어오면, 그 결혼은 점점 악화되게 마련이다.

방어적 태도

스티브와 말리가 상대를 멸시하는 투로 행동하자, 둘은 방어적이 되었으며 사태는 악화일로를 걸었다. 둘 다 상대방으로 인해 희생양이나 피해자가 된 기분이었으며, 누구도 사태를 수습할 책임을 지려 하지 않았다. 누가 그들을 탓할 수 있겠는가? 모욕적인 말을 계속 듣게 되면, 사람은 자신을 방어하는 본능적 반응을 보이게 된다. "그것은 내 잘못이 아니잖아요. 그 돈은 당신이 지불해야지, 내가 지불할 이유가 없다고요." 방어적인 태도가 그토록 파괴적인 이유는 그것이 되돌아오기 때문이다. '피해자'는 거의 본능적으로 행동하기 때문에 방어적으로 반응하는 것에 대해서 아무런 잘못을 발견하지 못한다. 그러나 방어적 행동은 갈등을 해소시키기보다 오히려 부채질하는 성향이 있다. 남편이든 아내든 자신의 자세가 완전히 의롭다고 느낄 때마다 그리고 그들이 핑계를 대고 책임을 부인할 때마다 그들은 불행을 가중시키고 있을 뿐이다.

돌담 쌓기

스티브와 말리는 거의 밑바닥에 가까워지고 있었다. 말리의 공격에 지칠 대로 지치고 기진맥진한 스티브는 결국 말리의 비난에 방어적으로 반응하는 일까지도 중단해 버렸다. "당신은 한마디 말도 없이 그저 앉아 있기만 해요. 마치 벽창호하고 말하는 것 같아요." 말리는 소리를 질렀다. 스티브는 보통 아무런 반응도 하지 않았다. 어떤 때는 "당신하고 말해 봐야 아무런 소용이 없는데, 말해서 뭘해요?" 하고 말이라도 하는 듯 무시해 버렸다.

대부분 돌담 쌓는 사람들은 남자이다. 감정에 압도된 이들은 '돌담'반응을 함으로써 뒤로 물러나기 시작한다. 그들은 얼굴표정을 굳게 하고, 눈 마주치는 것을 피하고, 목을 곧게 하고, 귀 기울여 듣고 있음을 알릴 만한 작은 소리를 내거나 머리를 끄덕이는 행동을 삼간다. 돌담을 쌓는 사람들은 문제를 악화시키지 않으려고 애쓰고 있다고 주장한다. 그러나 그들은 돌담 쌓는 것 자체가 부부의 불화를 일으키는 행동이라는 것을 깨닫지 못하는 것 같다. 돌담처럼 침묵을 지키고 잠잠하면, 그것은 상대방을 인정하지 않고, 서먹함을 느끼게 하며, 잘난 체하는 것으로 전달될 수 있다.

> 모든 친밀감은 차이에 근거하고 있다.
> 헨리 제임스
> (Henry James)

돌담 쌓기가 결혼의 종결을 의미할 필요는 없다. 그러나 일상적인 대화가 이런 지경까지 악화된 상태라면, 부부관계는 매우 깨지기 쉬운 상태이며 상당히 많은 노력을 기울여야 회복할 수 있을 것이다.

누구나 돌담을 쌓고, 방어적이 되거나, 멸시하거나, 비판적이 될 수 있음을 기억하라. 심지어 매우 행복한 부부라 할지라도, 이러한 행동은 격렬한 부부싸움 중에 나타날 수 있는 것이다. 진정으로 위험스러운 것은 이러한 대화방식이 습관화되는 것이다.

연습문제 ⓘ

| 마음 읽기 |

때때로 갈등중에 있는 부부는 공동의 토대를 찾았다고 하지만, 결국 부정확한 가정(假定)으로 모래 위에 서 있을 뿐이라는 것을 뒤늦게 발견하는 경우가 있다. 워크북 연습문제 '마음 읽기'는 당신이 가정하고 있는 것들을 드러내도록 당신과 배우자를 도와줄 것이다.

잘 싸우는 것이 꼭 나쁘지 않은 이유

어떤 사람들은 갈등을 도덕적으로 잘못된 것으로 간주하고는 사회적으로 금기시한다. 갈등이 건강한 관계와 무관하다는 가정은, 사랑은 미움의 반대라는 관념에 부분적으로 근거한다. 그러나 감정적 친밀감은 사랑과 미움의 느낌, 가까이하고 싶은 마음과 떨어질 필요가 있는 느낌, 동의와 이견(異見)의 느낌을 포함한다.

갈등이 없다는 것이 최상의 결혼을 위해 좋은 징조는 아니다. 갈등을 결혼의 일부로 받아들이기를 거부하는 부부는 창조적으로 서로에게 도전하고 도전받을 수 있는 기회를 간과하는 것이다. 그들은 또한 부정적인 결과를 스스로 자초하는 셈이다. 해소하지 않고 처리하지 않은 갈등은 결혼의 열정과 친밀감과 헌신을 갉아먹는 암과 같은 역할을 한다. '아무것도 문제시하지 않는' 부부는 그들의 감정을 직접적으로 다루지 않고 '분노 대체물'(anger substitutes)을 선택한다. 즉 과식을 하거나 우울증에 걸리거나 뒤에서 수군수군하거나 신체적 질병을 앓는다. 이런 대체물들이 분노를 직접 표현하는 것보다 사회적으로 용납받을 수 있을지는 모르지만, 그들의 관계는 전문가들이 말하는 '생명력을 상실한 결혼'6으로 끝날 수도 있다. 이 관계에서 대부분의 부부가 바랄 수 있는 것은 거짓된 친밀감뿐이다. 여러 해 동안 분노를 억제해 온, 싸우지 않는 부부에게서 볼 수 있는 전형적인 저녁시간의 대화는 다음과 같을 것이다.

남편 (하품하면서) 여보, 오늘 하루 어떻게 지냈어요?
아내 (기분 좋게) 아무 일 없었어요. 당신은 어땠는데요?
남편 늘 그런 것처럼, 별일 없었어요.

아내　이따가 뭐 특별히 하고 싶은 것이라도 있어요?
남편　글쎄, 모르겠는데요.

저녁 내내 의미 있는 대화는 더 이상 오가지 않는다. 이 두 사람이 그들의 분노를 억압하기 위하여 사용하는 에너지가 그들의 관계에서 생명력을 앗아 가기 때문이다. 그들은 불만스런 것을 '마대자루에 집어넣음'으로 갈등을 송두리째 회피한다. 불만거리를 담는 상상 속의 마대자루는 시간이 지남에 따라 점점 더 무거워질 뿐이다. 그리고 부부간의 불평이 오랜 시간 쌓인 채 조용히 마대자루 속에서 숨을 쉬다 보면, 터질 때는 무서운 위력을 나타낸다.

내가 말하려는 요지는 부부간의 갈등은 꼭 필요한 도전으로, 회피하기보다 직면해야 한다는 것이다. 다시 말하지만, 친밀한 관계에서 갈등이 있는 것은 자연스러운 것이다. 일단 이것을 이해하고 나면, 갈등은 더 이상 피해야 할 위기가 아니라 서로의 성장을 위한 기회가 된다.

저명한 결혼상담자인 데이비드와 베라 메이스(David and Vera Mace)는, 사람들은 결혼하는 날 세 가지의 원자재를 가지고 시작한다고 말한 적이 있다. 첫번째 원자재는 당신이 공유하는 것, 서로 좋아하는 것이다. 두번째는 상호 보완적이면서도 서로 다른 것이다. 세번째는 전혀 보완적이지 않으며 대부분의 갈등을 야기하는 차이점이다. 대부분의 부부는 상호 보완적이지 않은 차이를 가지고 있다. 당신과 배우자가 더 가까워지면 질수록, 이 차이는 더 두드러진다. 갈등은 서로 가까워짐으로써 나타날 수도 있다는 말이다. 우리가 상담하면서 많은 부부들에게 말한 것처럼, 갈등은 당신이 친밀감을 키워나가기 위해 지불해야 할 대가이다. 그러나 당신이 공정하게 싸우는 법을 배우게 되면, 당신의 결혼은 풍성하게 자랄 수 있을 것이다.

선한 싸움 싸우기

행복한 결혼을 위한 공식이 있다고 가정해 보자. 당신은 그 공식을 따르겠는가? 물론 그럴 것이다. 누구인들 그렇게 하지 않겠는가? 특히, 그 공식이 성공을 보증한다면 더욱 그럴 것이다.

놀라운 소식은, 수천 커플을 대상으로 한 연구 결과, 이러한 공식이 존재한다는 것이다. 덴버 대학교의 심리학자 하워드 마크맨(Howard Markman)과 스코트 스탠리(Scott Stanley)는 80%의 정확도를 가지고 결혼한 지 6, 7년 후에 어떤 부부가 이혼할 것인가를 예측했다. 그런데 이 심리학자들이 주목하고 있는 것은 부부의 싸움 여부가 아니라 싸우는 방식이다.

이제 우리는 불행한 부부가 싸울 때 보이는 허점이 무엇인지를 알고 있을 뿐 아니라, 행복한 부부의 올바른 태도가 무엇인지도 알고 있다. 성공적인 부부는 상처를 남기지 않고 갈등을 해소한다. 이들은 다음 규칙을 철저히 지킴으로 '선한 싸움'을 하는 법을 터득했던 것이다.

싸움으로부터 도피하지 말라

우리는 병 속에 갇힌 요정 이야기를 살펴볼 필요가 있다. 요정은 처음 천 년간 감금되어 있는 동안에 '누구든지 나를 이 병에서 나가게 해주는 사람에게는 세 가지 소원을 들어주어야겠다'고 생각했다. 그러나 그 다음 천 년을 보내는 동안에는 '누구든지 나를 여기서 나가게 하는 자는 죽여버리겠다'고 생각했다. 우리는 이 요정처럼 불만을 병 속에 오래 담아둘수록 더 사악하고 위험스러운 존재가 된다. 당신을 짜증나게 하는 문제가 생기면 이를 묻어 두려고만 하지 말라. 억압된 분노는 다시 표출될 가능성이 매우 높다.

> 사랑은 분노할 수 있다 … 원한이 없는 분노로, 독수리가 아닌 비둘기의 쓸개를 지닌 분노로 말이다.
>
> 어거스틴 (Augustine)

행복한 부부는 심한 의견충돌에 부딪혀도, 배우자를 무시하지는 않는다. 한쪽에서 문제를 제기하면, 다른 배우자는 주의 깊게 경청한다. 귀담아들으면서 가끔 상대가 하는 말을 자기 말로 바꾸어서 공감해 준다. 예를 들어, "당신은 우리의 과소비가 걱정된다는 말이죠?" 하고 공감해 준다. 그것은 상대방의 메시지를 이해했음을 확인시켜 주는 것이다.

싸움거리를 조심스레 선택하라

사랑이 맹목적으로 눈이 머는 것인지는 몰라도, 많은 파트너에게 결혼은 확대경이다. 사실상 깨어질 것이 확실한 부부는 어떤 영화를 보고, 어느 친구를 방문할 것인가와 같은 사소한 의견 차이도 마음놓고 효율적으로 해소하는 방법을 찾아내지 못하는 것 같다. 그들이 아무리 사랑에 빠져 있다 해도, 결국 그들의 타협하지 못하는 무능력함은 그들을 파경으로 몰고 간다. 그러므로 전문가의 충고를 따르라. 당신의 싸움거리를 조심스레 선택하라.

당신은 아마 "변화시킬 수 없는 것을 받아들일 수 있는 지혜를 허락하여 주옵소서"라는 기도문이 포스터나 족자에 새겨져 있는 것을 본 적이 있을 것이다. 이는 너무나 친숙한 문구이지만, 틀림없는 진리이다. 결혼에서 꼭 이루어야 할 중요한 일들 중 하나는 변화되어야 하고 변화될 수 있는 것(예를 들어, 잔소리하는 습관)과 간과해야 할 것(배우자가 치약을 짜는 방식)이 무엇인지를 배우는 것이다.

우리는 종종 부부들에게 그들이 서로 실랑이하는 문제의 약 90%는 간과해도 되는 문제일 것이라고 말해 준다. 배우자를 비판하는 것은 너무나 쉬운 일이다. 우리 자신을 돌아보면 나름대로 사소한 문제를 가지고 따지거나 잔소리를 꽤 많이 했을 것이다. 그러니 우리는 작은 문제를 가지고 열을 올리지 않는 법도 배웠다. 이 간단한 충고는 당신의 토요일 저녁이나 휴가 전체를 망치는 일을 막아줄 수 있다. 그러므로 당신의 파트너가 이부자리를 정리한 것이나 식탁 치운 것을 마음에 안 들어하기 전에, 그것이 싸움을 벌일 만한 가치가 있는지를 자문해 보라.

문제를 명확히 파악하라

샤리(Shari)와 론(Ron)은 싸움에 중독된 사람들 같았다. 최근에 했던 싸움은 집에서 친구들을 대접하다가 일어났다. 모든 사람들이 얘기를 나누고 음식을 먹으면서 좋은 시간을 보내고 있었다. 샤리가 디저트를 대접하려고 할 때, 론은 커피를 따르겠다고 제안했다. 샤리는 남편의 제안에 고마움을 표현했고 접시를 더 가져오려고 부엌으로 들어갔다. 그녀가 돌아왔을 때, 론은 그때까지 커피를 따르지 않고 말을 하고 있었다. 그래서 크게 실망한 샤리는 상대를 무시하는 발언을 했고 두 사람의 말다툼이 시작되었다.

한 친구가 말했다. "또 시작이군."

당황한 샤리와 론은 갑자기 싸움을 중단했다. 손님들이 간 다음에, 샤리가 론에게 물었다. "우리가 그렇게 자주 싸우나요?"

숙연해진 론이 고개를 끄덕였다. 그들은 둘 다 너무 많이 싸운다는 것을 알았지만, 왜 싸우는지를 모르고 있었다.

많은 부부들은 크고 작은 문제를 놓고 거의 정기적으로 싸우는 자신을 발견한다. 이 부부가 우리를 찾아왔을 때, 우리는 그들에게 간단한 과제를 내주었는데, 이것이 그들의 싸우는 빈도수를 즉각 감소시켰다. 그 과제란 이런 것이었다. 당신이 긴장감이 올라가는 게 느껴지면, 싸움이 무엇에 대한 것인지를 서로 물어보아 둘 다 싸움거리를 분명히 이해할 때까지 대화하라는 것이다. 갈등의 원인이 제대로 파악되지 않으면, 부부싸움은 습관화되기 쉽다. 그러나 일단 부부가 문제를 알게 되면, 무엇이 그들을 괴롭히는가에 대하여 더 확실하게 직면할 수 있는 것이다. 그리고 갈등이 분명히 규정되면, 대개는 저절로 해결된다.

예를 들어 론과 샤리가 친구들 앞에서 저녁에 한바탕 한 것을 보면, 샤리가 진짜로 화를 낸 이유는 남편은 아무 일도 안하고 자기 혼자 일을 다하기 때문이 아니었다. 남편은 오전에 자기와 시간을 함께 보내기로 하고서는 농구를 하며 놀았던 것이다. 친구들 앞에서 싸움을 벌인 것은 남편에게 보복하고픈 심리가 작용한 결과였다. 일단 론이 문제의 원인을 이해하게 되자, 그는 샤리의 좌절감을 공감하게 되었고 관계를 더 잘 개선할 수 있었다.

갈등의 진짜 근원을 밝혀 내기 위해서는, 다음과 같은 질문을 던져 보아야 한다. "우리는 무엇에 대하여 싸우고 있는가?" "우리의 의견이 다른 진짜 이유는 무엇인가?" 부부가 이런 질문을 다루지 않거나 대답할 수 없을 때, 싸움은 흔히 다른 주제로 넘어간다. 예를 들어, "그리고 또 한 가지 더 따지자면, 왜 당신은 항상…"과 같은 식으로 싸움이 번져 나간다. 그러므로 싸우기 전에, 무엇에 대해 싸우는지를 확실히 하라.

당신의 감정을 솔직하게 말하라

결혼한 지 1년이 넘은 소니아(Sonia)는 남편의 바쁜 일정을 가지고 계속 싸움을 벌이고 있었다. 어느 날 저녁 그녀는 전화를 걸어 남편에게 말했다. "나는 왜 당신 직업이 우리 관계보다 우선해야 하는지 이해할 수가 없어요." 남편이 마감 날짜가 다가오면서 느끼는 압박감과 왜 많은 여행을 해야 하는지를 설명하기 시작하자, 소니아는 순간적으로 깨달은 것이 있었다. 소니아는 남편이 집을 많이 비우고 열심히 일하는 것 때문에 화가 난 것이 아니었다. 그녀는 남편에게서 이런 말을 듣고 싶었다. "여보, 당신이 보고 싶어요. 집에 가지 못해 기분이 울적해요. 내가 집에 없어도 당신이 모든 일을 잘 처리해 주어 항상 고맙게 생각하고 있어요." 그녀가 일단 자기의 감정을 솔직하게 말하자, 그녀는 원하는 것을 남편에게서 얻어낼 수 있었다.

우리는 종종 부부들이 감정을 더 잘 표현할 수 있도록 돕기 위하여 'X, Y, Z'공식을 가르치곤 한다. 이 접근을 당신 마음속에 있는 불만으로 빈 칸을 채우는 게임이라고 생각해 보라. "X상황에서, 당신이 Y를 할 때, 나는 Z를 느낀다." 예를 들어, "당신이 먼 곳에 가 있을 때(X), 내가 보고 싶다는 말을 하지 않으면(Y), 나는 사랑을 받지 못하는 기분이고 외로움을 느껴요(Z)"와 같이 말하는 것이다. 또 다른 예를 들어 보자. "지난 목요일 저녁에(X), 당신이 어머니에게 30분씩이나 장거리전화를 했을 때(Y), 우리는 장거리전화를 감당할 여유가 없었기 때문에 화가 났다고요(Z)." 이 공식을 사용하면, 당신은 다른 사람을 모욕하고 인신공격적인 발언을 하지 않게 되며, 대신에 상대방의 행동이 당신의 감정에 어떤 영향을 미치는지를 단순하게 말할 수 있게 될 것이다.

또 다른 예를 들어 보자. "우리가 자동차를 타고 갈 때(X), 나에게 물어 보지도 않고 라디오채널을 바꾸면(Y), 당신은 내가 원하는 것을 염두에 두지 않는 것 같아 상처가 된다고요(Z)." 이것은 "당신은 음악에 관한 한 내 감정을 살피는 적이 한번도 없어요" 하고 말하는 것보다 훨씬 더 건설적이다. 이런 투의 말이 먼저 생각난다 해도 그런 말은 상대로부터 방어적인 반응밖에 불러올 것이 없으며 결국 당신은 향방 없는 싸움만 벌이게 될 것이다.

연습문제 ❶❾

| 유보사항 나누기 |

결혼한 지 10년 이상을 우리는 '유보사항'이라 불리는 문제풀이를 계속하고 있다. 이것은 정기적으로 당신의 부부관계를 깨끗이 청소함으로써 갈등문제가 누적되지 않도록 하는 좋은 방법이다. 워크북 연습문제 '유보사항 나누기'는 당신과 배우자가 부정적인 것이든 긍정적인 것이든 그 문제에 대한 생각과 감정을 그때그때 처리하도록 도와줄 것이다.

당신의 감정의 정도를 점수화하라

상담한 부부들을 보면서 우리는 한 파트너가 다른 파트너에 비해 더 표현적이라는 사실을 알아냈다. 즉 한 사람이 다른 사람보다 자신의 감정을 빠르고 강렬하게 표현한다는 것이다. 그리고 우리는 이 불균형이 거듭 문제를 야기시키는 것을 보아 왔다. 왜냐

하면 한쪽에서는 매우 중요한 것이 상대방에게는 전혀 중요하지 않은 것처럼 여겨질 수가 있기 때문이다.

제임스(James)와 캐런(Karen)이 처음 아파트를 꾸밀 때, 캐런은 부엌의 벽을 연푸른색으로 칠하기를 원했다. 그녀가 남편에게 보여주려고 페인트색 견본을 가져왔을 때, 남편은 시큰둥해 했다.

"완벽한 색깔을 찾았어요." 캐런은 페인트색 견본을 벽쪽에 대보이면서 열성적으로 말했다.

제임스가 말했다. "나는 그런 것에는 별로 관심이 없어요."

"그래도 일단 벽에 칠해져 있는 것을 보면 당신도 좋아할 거예요. 멋있을 거라고요."

"글쎄요."

대화 중에 전화가 울렸다. 그리고 그 주제에 대하여 말한 것은 그것이 마지막이었다. 제임스는 귀가해서 부엌 주변이 온통 연푸른색으로 단장된 것을 보고 그의 눈을 믿을 수가 없었다. "여보, 이게 어떻게 된 거예요?" 그는 소리를 버럭 질렀다. "나는 우리가 이 색을 쓰지 않기로 했다고 생각했는데…."

"당신은 별로 관심이 없다고 했잖아요. 그래서 나는 내가 원하는 색을 택한 거죠."

"나는 그런 말을 한 적이 없어요."

그날 저녁 내내 이 부부는 배신당한 기분이고 무시당한 기분이라면서 서로 입씨름을 벌였다. 그러나 그들의 실랑이는 부엌을 페인트칠하는 문제가 각자에게 얼마나 중요한지, 아니면 얼마나 하찮은지를 알았다면 쉽게 예방될 수 있는 것이었다. 후에 밝혀진 바에 의하면, 제임스는 표현을 분명히 하지 않았지만 부엌을 연푸른색으로 칠하지 않으려는 생각을 강하게 가지고 있었다. 반면에 카렌은 집안을 꾸미는 것에 대하여 마음이 들떠 있었고 열성적이었다. 남편이 취향을 분명히 말했으면 그녀는 쉽게 색깔을 바꾸었을 터였다. 그들의 실제 감정과 그 감정을 표현하는 방법은 완전히 정반대였다.

이러한 부부의 슬픔을 대부분 예방해 줄 수 있는 간단한 비결이 있다. 지난 몇 년 동안 우리는 '갈등카드'(싸움카드)라고 부르는 것을 수백 장 배포해 오고 있다. 신용카드 정도의 이 작은 플라스틱 카드를 사용하면, 부부들은 감정의 정도를 표현하는 문제에서 동등한 입장에 서게 된다. 이 카드가 어떻게 생겨났는지는 모르지만, 우리는 이 카드가 우리 부부뿐 아니라 많은 커플들에게 부부갈등을 해결하는 하나의 좋은 방법이 되는 것을 보아 왔다.

그 카드에는 무엇이 있는가? 아주 간단하다. 카드에는 개인 감정의 정도를 수치화한 1에서 10까지의 단계가 있다.

① 나는 열정적이 아니다. 그것은 나에게 중요하지 않다.
② 나는 그것을 당신처럼 보지는 않지만, 내가 틀릴 수도 있다.
③ 나는 동의하지 않지만, 그런 대로 그것을 수용하고 살 수 있다.
④ 나는 동의하지 않지만, 당신 방법을 따르겠다.
⑤ 나는 동의하지 않으며, 이것에 대해 침묵하고 있을 수 없다.

⑥ 나는 인정하지 않는다. 그리고 시간이 더 필요하다.
⑦ 나는 이것을 인정하지도 않으며, 수긍하고 따라갈 수도 없다.
⑧ 나는 심각할 정도로 기분이 상할 것이며, 나의 반응을 나도 예측할 수 없다.
⑨ 절대로 안된다. 만일 당신이 그렇게 하면, 나는 손을 들겠다!
⑩ 내가 죽으면 모를까, 절대로 안 된다!

열띤 논쟁이 벌어질 때마다 부부는 언제나 이 카드를 꺼내 들고 그들의 의견 차이 정도를 단순히 수치화하면 된다("이것은 나에게 3이요." "그것은 나에게 5요."). 갈등 정도를 수치화함으로써, 어느 한쪽이 더 표현적이라 하더라도 동등한 위치에서 조정이 가능하다.

덧붙여, 우리는 갈등카드를 사용하는 부부에게 두 사람이 다 어떤 주제에 대해 7점 이상을 준다면, 결혼상담 전문가로부터 객관적인 도움을 요청해야 한다고 말한다.

무시하는 말을 하지 말라

어릴 때 듣던 "지팡이와 돌이 나의 뼈를 부수뜨릴 수 있어도, 욕설은 절대로 나를 해칠 수 없다"는 말을 기억하는가? 이것은 거짓말이다. 많은 부부가 입증하듯이, 인신공격은 상처를 입힌다. 불행하게도, 부부들은 일반적으로 인신공격의 전문가들이다("당신은 게을러서 더 좋은 직장을 찾지 않는 거예요").

무시하는 말은 특히 상대방의 아킬레스건을 공격할 때 치명적이다. 만일 당신의 배우자가 고등학교 때 잔인한 친구들이 자기에게 '석두'라는 별명을 지어주었다고 고백했다면, 또한 어른이 되어서 아직도 무식하다는 소리를 듣는 것에 대해 두려움이 있다면, 그러한 표현은 절대 금물이다. 너무나 자주 언급되어 보편적이라고 믿어지는 두 가지 아킬레스건이 있는데, 그것은 상대방의 성적인 능력과 부모에 대한 평이다. 인생의 가장 감미로운 순간에 배우자와 성적인 불만을 거론하는 것도 보통 위험한 일이 아니다. 그런데 이를 대낮 부부 싸움에 사용하는 것은 정말 어리석은 짓이다. 그리고 비록 우리가 우리 자신의 부모를 비판하는 것이 허용된다 하더라도, 배우자가 상대방의 부모를 비판하는 것은 위험천만한 일이다.

> 분을 내어도 죄를 짓지 말며 해가 지도록 분을 품지 말고.
> 에베소서 4:26

가까운 관계성 속에서 나타나는 슬픈 사실은, 우리가 사랑하는 사람을 다른 사람을 대하는 것보다 형편없이 마구 대한다는 것이다. 우리는 다른 어떤 사람보다 배우자에게 모욕적인 언사를 퍼붓는 성향이 있다. 우리는 흔히 배우자에게보다 아는 사람들에게 더 친절할 때가 많다. 당신 배우자에게 예절을 지킬 수 있는 몇 가지 지침을 제공한다면 다음과 같다.

서로 감사와 따듯한 인사로 맞이하고, 헤어질 때 부드러운 작별 인사를 하라.

배우자가 가사를 도와주어 일을 끝마쳤을 때는, 그 수준이 당신의 기대에 미치지 못한다고 하더라도, 항상 고맙다는 말을 잊지 말라. "여기 더러운 자국이 그대로 있네요"라고 말하지 말고 "여보, 차를 세차해 줘서 고마워요." 하고 말하라.

식사시간에 즐거운 대화를 많이 하라. TV를 끄고 배우자에게 관심을 기울이라.

단 한마디의 무시가 당신이 배우자에게 베풀었던 친절을 무효화시킨다는 것을 연구 결과는 보여준다. 그러므로 당신이 배우자에게 베풀 수 있는 가장 호의적인 것은 무시하는 말을 아예 사용하지 않는 것이다.

기분 나쁜 일에 집착하지 말라

당신이 배우자가 직장에서 너무 많은 시간을 보내는 문제로 말다툼을 벌이고 있다면, 은행잔고가 마이너스 될 정도로 상대방이 돈을 많이 썼으며 그가 항상 기름이 바닥 난 차를 몰고 다닌다고 한꺼번에 쏟아붙이는 것은 부부싸움에 별 도움이 안 된다. 적합한 주제만을 다루고 싸움을 끝내라. 싸움이 엉뚱한 데로 빗나가면 **대화의 초점을 다시 맞추라**("여보, 지금은 이 옷을 누가 세탁소에 갖다 주느냐를 결정해요. 그리고 집에서 세탁하는 문제에 대해서는 나중에 얘기해요"). **파트너를 진정시키도록 노력하라**("잠깐 진정해요. 우리가 지금은 너무 흥분해서 이 문제를 이성적으로 다루기가 어려울 것 같아요"). 흔히 불행한 부부들을 보면 불친절한 말을 서로 주고받는 가운데 수렁으로 빠져 들어가는 것을 볼 수 있다.

남편   내 실수라면 멋진 저녁을 기대했다는 것이겠죠.

아내 제시간에 집에 돌아왔다면 멋진 식사를 했겠지요. 당신은 나보다는 직장이 더 우선이잖아요.
남편 누군가는 생계를 책임져야 할 거 아니예요.
아내 내가 뼈 빠지게 일해서 당신을 학교에 보내지 않았다면 굳이 당신이 책임지지 않아도 됐겠지요.

 이와 같이 앙심이 담긴 말싸움을 주고받는 것은 이혼을 예고하는 가장 강력한 예고자이다. 이러한 부부는 서로에게 상처를 입히면서 화제에서 빗나간 주제나 케케묵은 해결되지 않는 주제를 놓고 끝없이 싸움을 벌이곤 한다. 그러니 아무것도 해결되는 것이 없으며 부정적인 감정은 가라앉을 기미를 보이지 않는다.
 안정된 결혼에서는 부당한 소리, 억울한 말을 들었을 때도 서로 앙갚음하지 않는다. 오히려 그들은 긴장을 해결하기 위한 방법을 찾는다.

남편 나는 진짜 멋있는 저녁을 먹으리라고 기대하고 있었어요!
아내 당신의 퇴근시간은 도저히 예측하기가 어려워서 계획을 세울 수가 없어요.
남편 어쩔 수가 없어요. 여보, 나는 요새 직장에서 스트레스받는 일이 많아요.
아내 그럼, 오늘 밤은 그냥 피자를 시켜 먹을까요?

 어떻게 말다툼이 시작되었느냐가 중요한 게 아니라, 어떻게 끝내느냐가 중요하다.

기분 나쁜 내용에 집착하면, 당신이 타고 있는 배는 결국 가라앉고 말 것이다.

현실을 있는 그대로 받아들이자. 사랑과 전쟁에서 모든 것이 공평하지는 않다. 깨끗하고 건설적인 싸움이 파괴적이고 더러운 진흙탕 싸움보다 더 나은 것은 확실하다. 우리는 물론 실족할 수밖에 없지만, 앞에 제시한 '규칙들'을 따르려고 노력하다 보면 좋은 싸움을 싸우는 데 도움이 될 것이다.

묵상을 위하여

- 당신은 대인관계에서 갈등에 직면할 때, 대개 어떻게 하는가? 무엇이 효과적이고 무엇이 효과적이지 않은가?
- 당신은 긴장감이 상승하는 것을 알리는 특별한 신체적 '징후'를 경험한 적이 있는가? 예를 들어, 심장이 뛰고, 손바닥에 땀이 나고, 눈의 마주침을 피하는가? 무엇을 보면 당신이 막 화를 터뜨리려 한다는 것을 알 수 있는가?
- 당신과 파트너가 흔히 무엇에 대해 싸우는지를 살펴보라. 당신은 어떤 패턴을 발견하는가? 어떤 주제가 되풀이되고 있지는 않은가? 같은 문제가 거듭 되풀이되고 있지는 않은가?
- 한쪽에는 '갈등의 부인'이 있고 다른 한쪽에는 '맞대결'이 있는 연속선상에서, 당신은 자신의 성향을 어디쯤에 두겠는가? 배우자는 어디쯤에 있다고 생각하는가? 두 사람의 차이가 부부싸움에 어떤 영향을 미치는가?
- 불평을 비판으로 발전시키는 일반적인 실수를 회피하기 위해 당신은 무엇을 할 수 있는가? 이 함정을 피하는 것이 왜 중요한가?
- "갈등은 친밀감을 더 증진시키기 위하여 우리가 지불해야 하는 대가이다"라는 말에 대해 당신은 어떻게 생각하는가? 당신은 이 개념을 다른 사람에게 어떻게 설명하겠는가?

- 당신은 부모로부터 갈등을 다루는 법에 대하여 무엇을 배웠는가? 소리 지르는 것, 남의 탓을 하는 것, 뾰로통하는 것, 냉소적으로 쏘아붙이는 것, 회피하는 것, 우는 것, 위협하는 것과 같은 행동을 생각해 보라.
- 돈이 부부가 가장 많이 싸우는 주제로 집계되고 있는 이유는 부부가 돈과 관계되는 재정적인 결정을 매일 직면하기 때문이다. 당신은 돈이 결혼생활에서 그렇게 문제가 되는 이유가 무엇이라고 생각하는가?
- 상대방을 무시하는 말 중 배우자에게 절대로 사용해서는 안되는 말이 무엇인지를 분명히 알고 있는가? 상대방은 당신이 제일 싫어하는 표현이 무엇인지를 알고 있는가?
- 멋있는 싸움, 둘 다 이기는 싸움을 하는 데 있어서 당신의 최대의 강점은 무엇이며, 당신이 극복해야 할 가장 큰 문제점은 무엇인가?
- 당신 부부가 해결하는 문제 하나하나는 당신의 결혼이 튼튼해진다는 확신을 더해 준다. 당신 부부가 건설적으로 해결할 수 있었던 갈등을 생각해 보라. 그것은 당신이 하나의 팀으로서 어려운 문제를 해결할 수 있는 능력에 대하여 무엇을 말해 주는가?

그 둘이 한 육체가 될지니

에베소서 5 : 31

일곱번째 질문
당신과 당신의 배우자는 영혼의 친구인가?

"우리는 완전히 똑같습니다." 존이 불쑥 말했다. 그와 낸시는 우리가 가르치는 신혼부부 열두 커플 가운데 하나였다. 내(레슬리)가 그들에게 서로의 차이에 대해 이야기를 나누어 보라고 하자마자 존이 자랑스럽게 얘기한 것이다. 다른 부부들은 놀란 표정을 짓고 있었다.

여느 심리학자처럼, 레스는 "존, 우리에게 한 번 말해보세요" 하고 말했다.

낸시는 남편이 대답할 때 고개를 끄덕였다. "우리에게는 이렇다 할 차이가 별로 없어요. 우리는 같은 것을 좋아하고 의견을 달리하는 적이 없어요."

"와" 레스는 약간 냉소적인 음색으로 말했다. 나는 레스가 무엇을 생각하고 있는지를 알고 속으로 움츠러드는 자신을 발견했다. 레스는 내가 말하지 않았으면 하고 바라는 바를 끝내 말해 버렸다. "당신들은 내가 지금까지 만난 부부들 중에 '완전히' 똑같은 최초의 부부입니다."

다른 부부들이 웃음을 터뜨렸고 존은 눈동자를 굴리며 말했다. "그렇다고 우리가 완전히 똑같다는 말은 아니죠."

> 우리 각자는 오직 하나의 날개를 갖고 있는 천사이다. 따라서 우리는 서로 껴안아야만 날아갈 수 있다.
>
> 루치아노 드 크레신조
> (Luciano de Crescenzo)

어떤 부부는 둘 사이의 차이를 감추기 위해 서로를 흉내 내려고 애를 쓴다. 예를 들어, 신혼부부들은 그들의 취미와 의견, 우선순위와 습관에 비현실적인 유사성을 강요하기도 한다. 그들은 최선의 의도로 그렇게 하는 것이지만, 그들의 동일성은 아담과 하와가 무화과나무 잎으로 그들의 차이를 덮으려고 했을 때만큼이나 현실적이지 않다. 하나님은 각 사람을 다르게 지으셨다. 각자의 고유한 독특함을 부인하는 것은 동반자 관계로 이끄는 것이 아니라, 위선으로 유도할 뿐이다.

같은 소그룹의 또 다른 부부는 "샤론과 나는 50 대 50, 반반의 결혼을 유지하고 있습니다"라고 말했다. 다른 부부들도 동의하는 발언을 했다. 짐을 동등하게 나누어 지는 것이 하나됨을 창조하는 훨씬 더 좋은 방법이다. "그래요." 샤론은 말했다. "그렇지만 우리의 반이 언제나 딱 들어맞는 것은 아니에요."

그녀의 말이 맞다. '50 대 50의 결혼'은 각각의 배우자가 하나의 분수(分數)일 때만 가능하다. 그러나 우리는 분수가 아니다. 우리 각자는 온전한 사람이다. 결혼할 때 우리는 자신에게서 얼마를 빼내어 감산하는 것이 아니다. 우리는 온전하게 그대로 남아 있으며, 하나의 온전한 인격으로 사랑받기를 원하는 것이지, 함께 융화되기 위해 잘리운 바 되기를 원치 않는다.

우리는 50 대 50의 원리 위에 결혼을 건축하려고 노력하는 부부들을 보아 왔다. 이들은 서로 순서를 정해 이것과 저것을 결정하고, 자산을 반으로 나누고, 자기 몫을 챙기고, 특권을 계산하려 한다. 그러나 50 대 50의 원리를 따르는 부부들은 순번을 결정함에 있어서 자신의 예정된 몫을 빼앗긴다고 생각한다. 흔히 의지가 더 강한 배우자는 의식적으로나 무의식적으로 반쪽을 나누는 칼을 휘두르게 되며, 반쪽은 다른 반쪽보다 '더 큰 부분'을 차지하게 된다.

그렇다면 한 남자와 한 여자가 결혼하여 어떻게 하나가 되는가? 다른 말로 비꾸어 말하면, 남자와 여자는 어떻게 '영혼의 친구'(soul mates)가 되는가? 대답은 바로 당신이 생각하고 있는 영혼 깊숙한 곳에서 발견된다. 최근 과학적 연구는 일반적인 상식이 여러 해 동안 우리에게 말해 주었던 것을 확인하고 있다. 거듭 확인되고 있는 진리는 결혼의 영적 차원을 돌보는 것이 부부를 깨어질 수 없는 연합으로 묶어준다는 사실이다.[1] 그 영혼을 양육할 때 결혼은 견고하게 성장한다.

이 장에서 우리는 건강한 결혼생활에 있어 가장 중요하면서도 간과되는 영적인 면에 대해 살펴보고자 한다. 먼저 영적 친밀감에 대한 욕구와 이것이 당신의 결혼에 대해 가지는 의미를 살펴볼 것이다. 다음으로 우리는 하나님이 당신의 동반자 관계에 어떻게 계시되며, 결혼이 인생의 다른 어떤 면보다 어떻게 하나님의 성품에 더 가까운지를 보여줄 것이다. 그리고 나서 우리는 당신의 결혼에서 영적인 부분을 돌볼 수 있는 구체적이고 실제적인 방법을 제시하고, 마지막으로 기억해야 할 것들을 지적함으로써 이 장을 마무리할 것이다.

영적 친밀감 : 결혼의 궁극적 의미

1944년 2월 12일 열세 살 난 안네 프랑크(Anne Frank)는, 지금은 유명해진 그녀의 일기장에 다음과 같이 적고 있다.

> 햇빛이 비치고 있다. 하늘은 푸르고 기분 좋은 순풍이 불고 있다. 나는 그립다. 모든 것이 그립다. 자유가 그립고, 친구들이 그립고, 대화와 홀로 됨이 마냥 그리워진다.
> 그리고 나는 너무나 … 울고 싶다! 가슴이 터질 것만 같은 기분이다. 울면 더 좋아지리라는 것을 알지만 그럴 수가 없다. 나는 이 방에서 저 방으로 왔다갔다 안절부절못하며, 닫혀진 문틈으로 숨을 쉬고 있다. 내 심장이, 갈증을 좀 채워줄 수 없느냐고 묻기라도 하듯 뛰는 것을 느낀다.

나는 마음속으로 봄이라고 믿는다. 나는 봄이 꿈틀대는 것을 느끼고 있다. 온몸과 영혼에 그것을 느낄 수 있다. 이는 정상적으로 행동하려는 시도이다. 나는 완전히 혼돈에 빠져 있다. 무엇을 읽고, 무엇을 쓰며, 무엇을 해야 할지 나는 모른다. 나는 내가 동경하고 그리워한다는 것을 알 뿐이다.

우리 모두의 마음속, 생명의 한가운데에는 긴장, 아픔, 채워질 수 없는 깊은 탄식이 있다. 대부분의 경우, 그것은 분명한 이름이나 초점이 없는 동경이며, 명확히 지적할 수도 무엇이라고 묘사할 수도 없는 아픔이다. 안네 프랑크처럼, 우리는 영혼 깊숙이 아파하며 안식이 없다는 것을 알 뿐이다.

대부분의 사람들은 결혼이 그들 영혼의 갈증을 잠재워 주리라고 기대하는데, 사실 한동안 결혼이 갈증을 채워주기도 한다. 그러나 많은 이들에게는 깊고 불안한 아픔이 다시 메아리친다. 로이(Roy)와 폴린(Pauline)에게는 그와 같은 일이 분명 일어났다. 그들은 견고한 결혼을 위해 할 수 있는 모든 것을 다 해보았다. 그들은 결혼 예비상담을 받았으며, 거짓된 기대를 조절했고, 효과적인 의사소통 기술도 배웠으며, 갈등해소 기술도 익혔다. 결혼에 관한 책을 읽었고, 세미나에도 참석해 보았으며, 테이프도 열심히 경청했고, 심지어 신혼 첫해 동안 멘토 부부의 도움을 받기도 했었다. 이 부부는 결혼을 신중하게 생각하고 있었으며, 그들의 노력이 적어도 당분간은 효과가 있는 듯 보였다. 그들은 결혼한 지 10년째를 맞고 있었고, 모든 면에서 잘하고 있는 것처럼 보였다. 그러나 그들의 갖가지 노력에도 불구하고 무엇인가가 빠져 있었다.

"우리는 무척 사랑하고 있답니다." 폴린이 우리에게 말했다. "그러나 때때로 그저 몸짓으로 시늉만 하고 있는 것처럼 느낄 때가 있어요."

"그래요." 로이는 대답했다. "우리는 틀림없이 서로 사랑하고 있습니다. 그러나 관계는 텅빈 것처럼 느껴지는데 왜 그런지 모르겠어요. 마치 어떤 더 깊은 연결이 필요한 것 같아요."

> 이제 우리는 영혼의 운명이 사회질서의 운명임을 인식하게 되었다. 다시 말해서, 우리 안의 영이 시들어 버리면, 우리 주변에 세우는 모든 세상이 함께 시든다는 것을 인식할 수 있게 된 것이다.
>
> 테오도르 로자크
> (Theodore Roszak)

이들은 여러 면에서 이상적이고 모범적인 부부였다. 건강한 부부에게 필요한 모든 것을 다 하고 있었다. 그들은 심리적으로 안정되어 있었으며, 정서적 균형을 유지하고 있었고, 관계를 조화롭게 맺고 있었다. 그러나 그들의 마음에는 안식이 없었고 무엇인가 더 깊은 것을 갈망하고 있었다. 서로 인식했든지 못했든지, 이들은 영혼의 친구가 되기를 갈망하고 있었던 것이다.

로이와 폴린 부부가 배워야 할 교훈은 행복한 결혼에는 좋은 대화와 갈등해소 그리고 긍정적 태도 이상의 것이 필요하다는 것이다. 이러한 요인 한가지 한가지가 지속적이고 의미 있는 결혼에 절대적으로 필요한 것이지만 그것만으로 충분한 것은 아니다. 결혼은 정기적으로 정비만 하면 돌아가는 기계가 아니다. 오히려 결혼은 거룩한 약속을 상호교환함으로 이루어진 초자연적인 사건이다. 무엇보다도 결혼은 깊고 신비스러우며, 측량할 수 없는 상호노력이다.

　이들과 같이 행복한 결혼생활을 하는 부부들도 결국 배우자와 결합하려는 내재적 갈망을 발견한다. 이러한 갈증은 그저 위로나 열정만을 위한 것이 아닌 의미에 대한 동경이다. 우리의 생활은 하루하루 이어진다. 성공적일 수도 있고 그렇지 않을 수도 있으며, 즐거움으로 가득할 수도 있고 걱정거리로 가득할 수도 있다. 그러나 그런 것들이 무엇을 의미하는가? 오직 우리의 영혼만이 대답할 수 있다.

　결혼한 부부는 영적인 의미를 함께 추구해야 한다.[2] 각 개인은 인생의 의미를 각자 깨달아야 하는 것이 사실이지만, 부부는 결혼의 의미를 함께 발견하지 않으면 안된다. 당신은 남편과 아내로 끝나는 것이 아니다. 당신들은 마치 생명체와 같은 결혼을 출산하는데, 이 결혼이라는 생명체는 당신 두 사람으로부터 태동된 것이다. 그리고 새로운 결혼의 영혼은 자양분을 필요로 한다.

　삶의 궁극적 의미를 다른 사람과 나눈다는 것은 영혼의 동반자들을 영적으로 부르는 것이다. 그리고 각각의 부부는 이 부름에 대답해야 한다. 그렇지 않으면 성장이 정체된 결혼을 감수해야 한다. 떡 덩어리에 들어 있는 누룩처럼, 영성은 당신의 결혼이 성공적으로 부상할는지, 아니면 실망스럽게 메마른 상태로 정체될는지를 궁극적으로 결정할 것이다.

　결혼의 영적인 차원은 부부애의 성장과 건강을 위한 실제적인 자양분이 된다. 영적인 발견에 함께 헌신하는 것보다 결혼에서 하나 됨과 의미있는 목적의식을 증진시키는 데 더 큰 역할을 하는 요인은 없다. 이것은 우리 영혼의 궁극적 갈증이다.

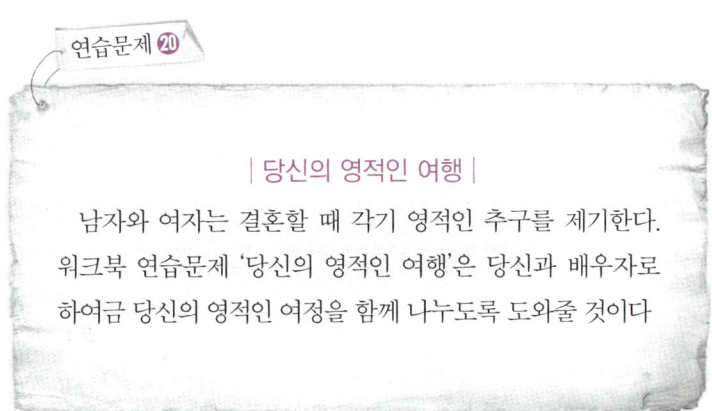

연습문제 20

| 당신의 영적인 여행 |

남자와 여자는 결혼할 때 각기 영적인 추구를 제기한다. 워크북 연습문제 '당신의 영적인 여행'은 당신과 배우자로 하여금 당신의 영적인 여정을 함께 나누도록 도와줄 것이다

당신의 결혼에서 하나님을 발견하기

우리 시대의 가장 감동적인 사랑 이야기는 대서양을 사이에 두고 서로 떨어져 살았던 한 커플의 이야기이다. 남자는 기독교 변증학자이며 어린이를 위한 베스트셀러를 여러 권 저술했던 저자로서 영국 옥스퍼드 대학교의 노총각 교수였다. 여자는 남자보다 나이가 훨씬 어린 미국인으로서 두 아들을 둔 이혼녀였다.

1952년 영국을 방문해서 처음 만난 이후, C. S. 루이스와 조이 데이비드슨(Joy Davidson)은 편지를 왕래하며 그들의 관계를 발전시켜 나갔다. 두 지성은 서로의 감정에 불을 붙여 그 관계는 존경으로 발전했다. 조이가 두 아들과 함께 영국으로 건너갔을 때, 두 사람은 서로 친밀해지는 유익한 시간을 가졌다. 그리고 돈의 부족과 비자 만기일이 다가와 미국으로 되돌아갈 시간이 임박했을 때, 루이스는 조이가 동의해 준다면 결혼하겠다고 결심했다.

결혼한 지 얼마 되지 않아 조이의 몸은 감추었던 비밀을 드러냈다. 그녀는 암을 앓고 있었고, 돌이킬 수 없는 상태로까지 악화되어 있었다. 루이스의 잘 정돈된 삶은 와해되는 듯했다. 그러나 그 과정에서 영국의 대문호는 아내 조이에 대한 자신의 사랑이 얼마나 깊은 것인가를 깨닫게 되었다.

루이스 부부는 혼인신고를 하고 결혼생활을 시작하면서 교회의 축복을 받았다. 사람들은 조이에게 최선의 의료혜택을 베풀었다. 그리고 루이스는 아내를 곁에서 돌보기 위해 퇴원시켜 집으로 데려왔다. 조이의 몸이 반응을 보인 것은 놀라운 일이 아니었다. 그러나 병세의 차도는 오래가지 않았다.

죽음에 임박해서 조이는 남편에게 말했다. "당신은 나를 행복하게 해주었어요." 얼마가 지난 후 다시 말했다.

> 당신은 우리를 당신 자신을 위해 만드셨나이다. 그리고 우리 마음은 당신 안에서 쉼을 얻기까지는 안식이 없나이다.
>
> 어거스틴
> (Augustine)

> 우리는 사랑의 잔치를 벌였다. 사랑의 각종 양식을 모두 맛보았다. 엄숙하고 명랑하며, 낭만적이고 현실적이며, 때로는 천둥과 같이 극적이고 때로는 부드러운 슬리퍼를 신은 것처럼 편안하고 힘이 들지 않는 사랑을 했다. 그녀는 나의 학생이며 나의 교사였다. 나의 신하이며 나의 군주였고, 나의 신뢰하는 친구이며 전우였다. 나의 정부였으며 동시에 동성의 친구들이 나에게 해주었던 모든 것을 해주기도 했다.
>
> C. S. 루이스
> (C. S. Lewis)

"나는 하나님과 평화했어요." 조이는 이 말을 마친 뒤 1960년 저녁 10시 15분에 운명했다. 루이스는 후에 그 당시를 회상하며 다음과 같이 말했다. "그녀는 미소를 지었습니다. 그러나 나를 향한 것은 아니었습니다."

이 놀라운 사랑의 이야기에서 얻을 수 있는 교훈은 영적인 하나 됨이 없는 부부는 '영혼의 친구'가 된 부부가 누리는 사랑의 충만함을 도저히 누릴 수 없다는 것이다.

건강한 결혼은 신비스러운 방법으로 하나님을 드러낸다. 영적인 차원에서 하나된 가정은 우리의 안식할 줄 모르는 마음에 미소 짓는 평안을 가져다 준다.

연구원들이 20년 이상 행복하게 생활한 부부들의 특징을 검토해 보았을 때, 그들이 발견한 가장 중요한 특징은 '하나님께 대한 믿음과 영적인 헌신'이었다.[3] 종교는 부부에게 공유된 가치관과 이념 그리고 목적의식을 제공하여 동반자 관계를 강화시킨다.

결혼은 다른 어떤 인간적 경험보다도 하나님의 성품에 더 가깝다. 하나님은 인간과의 관계를 설명하기 위해 결혼의 비유를 사용하신다. "신랑이 신부를 기뻐함같이 네 하나님이 너를 기뻐하시리라."[4] 하나님께서는 그의 '신부'인 교회를 사랑하시는데, 어떤 합의에 서명한 자기 밖에 있는 이들의 집단으로 사랑하시는 것이 아니라 자신의 몸과 같이 사랑하신다고 바울은 말하고 있다.[5] 마찬가지로, 남편이 아내를 사랑하고 아내가 남편을 사랑하면 그들은 '한 몸'으로, 영혼의 친구로 함께 생활하는 것이다.

마지막으로, 하나님은 결혼을 통해서 두 가지 중요한 방식으로 자신을 보여주신다. 첫번째로는 그의 신실함을 드러내심으로, 두 번째로는 그의 용서를 나타내심으로 자신의 성품을 계시하신다.

결혼은 하나님의 신실하심을 드러낸다

신실함이 없다면 결혼은 어떻게 될까? 우리가 배우자로부터 얻어낼 수 있는 것이 고작 "당신에게 신실하도록 노력하겠지만 너무 믿지는 말라"는 것이라면 어떻게 될까? 물론, 결혼은 결코 지속되지 못할 것이다. 우리가 배우자의 신실함을 신뢰할 수 없다면, 우리는 불확실함에 정신을 잃게 될 것이다. 우리 관계의 생명력은 신실함인데, 그것은 상대방과 우리 그리고 궁극적으로 하나님의 신실하심의 강도(强度)에 달려 있다.

그렇다. 하나님의 신실하심은 결혼을 유지시키는 데 필수 요소이다. 한 번 생각해 보라. 연약하고 제한된 존재인 우리가 인생의 모든 불확실함을 직시하면서 다음과 같이 말할 수 있겠는가? "오직 한 가지, 즉 배우자에 대한 나의 신실함만은 확실히 하겠소." 우리는 할 수 없다. 적어도 우리 자신의 신실함만으로는 그런 약속을 할 수 없다.

로버트슨 맥퀼킨(Robertson McQuilkin)은 하나님의 신실하심을 의뢰한 남편으로 알려져 있다. 그는 기독교 대학의 학장이었고, 그의 아내 뮤리엘(Muriel)은 유명한 라디오 프로그램 진행자였다. 그런데 그 때 아내에게 기억상실증이 나타나기 시작했다. 의사의 진단은 그들의 42년에 걸친 결혼생활을 발칵 뒤집어 놓았다. 뮤리엘이 치매환자로 밝혀진 것이다.

"그것이 아내에게는 고통스러워 보이지 않았습니다." 로버트슨은 말했다. "그러나 내가 알고 사랑하는 창조적이고 명석한 사람이 점차적으로 쇠약해 가는 것을 보는 것은, 나에게는 서서히 죽어가는 것과 같았습니다." 로버트슨은 아내가 그를 가장 필요로 할 때 온전히 봉사하기를 원한다고 말하며, 대학 이사회에 그의 후임자를 물색토록 통보했다.

로버트슨이 은퇴하려면 아직 8년이나 남았기 때문에, 그의 친구들은 뮤리엘을 병원시설에 입원시킬 것을 권유했다. 그녀는 곧 새로운 환경에 익숙해질 것이라고 그들은 말했다. '그러나 정말 그렇게 될까?' 로버트슨은 스스로 자문해 보았다. '내가 아내를 사랑하는 것만큼은 둘째치고라도, 누가 조금이라도 그녀를 사랑해줄까?' 뮤리엘은 문장으로 말을 하지 못하고 다만 단어로, 그것도 뜻을 알 수 없는 단어로 말하고 있었다. 그러나 그녀는 한 문장은 말할 수 있었는데, "당신을 사랑해요"라는 말을 자주 되풀이했다.

대학 이사회는 동료가 뮤리엘과 함께할 수 있게 배려함으로 맥퀼킨 박사가 출근할 수 있도록 도와주었다. 남편이 근무하는 그 시간 동안 뮤리엘을 집에 붙들어 두는 것은 점점 더 어려워졌다. 로버트슨이 떠나면, 그녀는 남편의 뒤를 따라 나섰다. 대학까지 걸어가는 길은 왕복 5리쯤 되는 거리였는데, 뮤리엘은 하루 열 번씩도 학교를 다녀갔다. 로버트슨은 말했다. "때때로 밤에 옷을 벗도록 도와주면서, 발에 피가 나 있는 것을 발견했습니다. 주치의에게 그 말을 했더니, 그는 목이 매여 '지극한 사랑이에요' 하고 말하기만 하더군요."

1990년, 로버트슨 맥퀼킨은 '아플 때나 건강할 때나' 아내에게 신실한 것은 인격적 순수성의 문제라고 믿고, 아내를 전폭적으로 간호하고 돌보기 위해 대학 총장직을 사임했다. "나는 날마다 그녀의 인격의 새로운 모습을 보게 됩니다. 나는 내가 더욱더 사랑하기를 갈망하는 하나님의 사랑이 새롭게 나타나는 것도 봅니다" 하고 그는 말했다.

로버트슨이 사직한 지 몇 년의 세월이 흘렀다. 그리고 뮤리엘의 상태는 계속적으로 악화되어 지금은 거의 말도 하지 못한다. 그가 글을 쓸 동안, 그녀는 대부분의 시간을 앉아 있는데, 그녀는 그런대로 흡족해 하며 웃음을 터뜨린다. "아내는 아직 나에 대한 애정을 가지고 있는 것 같아요." 로버트슨은 말한다. "내가 무엇을 더 바랄 수 있겠어요. 나는 사랑과 웃음으로 가득한 가정을 가지고 있습니다. 그런데 스스로 똑똑하다고 자부하는 많은 부부들이 그런 가정을 누리지 못하고 있습니다. 뮤리엘은 매우 사랑스럽습니다. 과거 어느 때보다 더 귀하게 느껴집니다. 그녀가 밤에 나에게 손을 뻗치고, 잠을 깨면서 흡족한 표정으로 사랑스레 미소를 지으면, 나는 우리에게 베푸신 은혜에 감사하며 아내를 끝까지 간직하게 해달라고 간구합니다."

신실함은 마치 다양한 측면을 지닌 보석과 같이, 신뢰, 헌신, 진실, 충성, 귀히 여김, 돌봄 등 상호연관되어 있는 여러 차원의 복합체이다. 그러나 서로에 대한 신실함은 우리에 대한 하나님의 신실하심의 모델에 의해서만 유지될 수 있다. 한 남자와 한 여자가 서약을 맺을 때, 하나님은 그들에게 신실하심을 약속하신다. 그리고 이는 부부가 서로 믿음을 지킬 수 있도록 돕는다.

하나님의 성품에서 신실하심의 중요성은 아무리 강조해도 지나치지 않다. 하나님의 신실하심은 성경 전체에 걸쳐 깔려 있다. 하나님께서 그의 신실하심을 약속하시는 창세기로부터 "백마와 탄자가 있으니 그 이름은 충신(Faithful)과 진실(True)이라"(계 19:11)고 기록한 요한의 환상이 담겨 있는 계시록에까지 말이다. 하나님의 신실하심은 위대하다. 우리는 미쁨이 없을지라도, 하나님은 한결같이 미쁘시다. 하나님은 "자기를 부인하실 수 없으시기"[6] 때문이다.

우리의 배우자 안에 구체적으로 표현되어 있는 하나님의 언약적 신실하심은 우리의 안정되지 못한 마음에 자리를 잡는다. 그 신실하심은 "나는 너를 믿는다. 그리고 기쁠 때나 슬플 때나 나를 너에게 헌신한다"고 말함으로 우리의 영혼 전체를 받아들인다. 신실함과 그것이 생성하는 신뢰가 없다면 결혼은 지속될 희망을 상실하게 될 것이다. 어떤 부부도 먼저 자신들에게 향하신 하나님의 신실하심을 인식하기 전에는 자신과 서로의 정절에 대한 깊은 확신을 가질 수가 없기 때문이다.

결혼은 하나님의 용서하심을 드러낸다

우리가 로스앤젤레스에서 살고 있을 때, 한번은 친구가 우리를 자기가 일하고 있는 할리우드 필름 스튜디오로 초청했다. 우리는 편리한 골프 차를 타고 운동장을 가로질러 눈에 익은 얼굴들을 몰래 살펴볼 양으로 사운드 스테이지에 조용히 들어갔다. 가장 좋았던 것 중의 하나는 당시 히트를 치고 있던 TV 쇼의 촬영 장면을 구경한 것이었다. 이 쇼에 우리가 관심을 갖고 있는 것을 지켜본 친구는 후에 배우들의 서명이 담긴 대본을 보내왔다. 그 내용은 갈등 중에 있는 부부 낸시(Nancy)와 엘리오트(Elliot)가 상담을 받으면서 격렬하게 충돌하는 장면을 묘사하고 있었다. 마침내 남편 엘리오트가 말한다. "내가 낸시를 더 이상 사랑하는지 모르겠어요 … 그리고 아내가 무슨 행동을 하든 그 문제에 대해서만은 아내를 용서할 수 없는 것 같아요."

용서는 결혼의 심장에 놓여 있다. 날마다 함께 생활하는 두 사람은 서로에게 걸려 넘어질 수 있는 관계로서, 때로는 모르고 때로는 의도적으로 서로에게 상처를 안겨주게 마련이다. 그런데 결혼에서 영적인 부분을 깨끗하게 하는 일을 하는 용서가 이루어지지 않는다면 정죄감이 그 관계 위에 맴돌게 된다. 원한이 계속 쌓이다가 끝내 우리는 배우자의 잘못을 탓하기도 하지만 용서해 주지 못한 자신을 탓하는 지경에 이르게 된다.

이것은 빨간불이 들어오는 위험지역이다. 인간의 용서는 원래 대규모로 시행되도록 만들어지지 않았다. 결혼에서의 용서는 초점이 배우자의 인격이 아닌 행위에 맞추어질 때만 치유될 수 있다. 배우자들은 서로의 구체적인 행동을 용서하는 것이다. 상대방을 한꺼번에 몽땅 용서하려고 노력하는 것은 어리석은 짓이다. 그것은 하나님만이 하실 수 있는 것이다.

배우자가 우리가 원하는 사람이 되지 못하는 것에 대해 용서하려고 한다면, 우리는 용서의 능력에 너무 과중한 짐을 지우는 것이다. 이러한 상황에 대처하는 데는 용기와 인내, 공감, 소망과 같은 다른 방법이 있다. 그러나 부족한 인간을 위한 그와 같이 크나큰 용서는 하나님께서나 하실 수 있다. 하나님의 용서하심은 우리가 비교적 사소한 일들을 용서할 수 있도록 능력을 부여한다. 사실은 작은 일을 용서하는 것도 적지 않은 기적이다.

모든 부부는 용서할 필요가 있다. 나(레슬리)는 이 사실을 어렵게 받아들였다. 나를 죽을 때까지 사랑하겠다고 약속한 남자를 도대체 왜 용서해야만 하는 일이 생길까? 용서가 필요하게 된다면, 우리의 관계는 이미 실패한 것이라고 나는 생각했다. 남편이 나에게 상처를 줄 수 있다는 것을 인정하기에는 내가 너무나 교만했던 것이다. 그러나 그가 나에게 상처를 줄 때가 있었다. 물론 나도 그를 아프게 할 때가 있었다. 나는 결혼에서의 용서가 대부분의 경우, 죄 없는 어린양과 못된 늑대에 대한 것이 아니라는 사실을 터득했다. 많은 경우, 나는 남편 아니면 하나님께 용서를 받으면서 동시에 용서를 해주어야 하는 자신을 발견했다.

우리가 배우자를 용서할 때, 우리는 그에게 정죄함이 없는 하나님의 사랑을 드러내는 것이다. 인간의 용서는 하나님의 용서가 어떤 것인가를 깨닫게 해준다.

배우자를 당신 자신처럼 사랑하는 것은 아마도 하나님의 사랑을 성취하기 위해 당신이 마음을 다해 취할 수 있는 가장 온전한 조치일 것이다. 물론 이러한 조치는 하나님의 능력 주시는 은혜가 없이는 생각할 수도 없는 것이다. 하나님의 도우심을 의식적으로 의지하지 않고 많은 결혼이 이루어지고 존속되기도 하지만, 보이지 않는 하나님의 은혜가 그들의 결혼에서의 영적 측면 위에 계속 베풀어지지 않는다면, 의미있는 동반자 관계는 불가능하다.

> 영혼의 친구가 없는 사람은 마치 머리가 없는 몸과 같다.
> 켈트족의 속담
> (Celtic sayng)

당신의 결혼에서 영적인 측면을 돌아보라

피상적이고 천박한 것은 안식 없는 결혼이 갖는 저주이다. 대부분의 결혼이 절박하게 필요로 하는 것은 더 많은 흥미나 오락이나 활동이 아니다. 당신의 결혼에서 영적인 측면은 깊이를 갈망하고 있다.

적어도 예배와 봉사와 기도라는 영적 생활의 세 가지 전형적 훈련이 '영혼의 친구들'로 하여금 피상적인 생활을 뛰어넘어 깊은 곳으로 나아가도록 한다. 우리의 일상생활 중에, 이러한 영성훈련은 우리의 영을 평안케 하며 우리의 결혼을 살찌게 하는 능력이 있다.[7] 이러한 영성훈련은 어떤 영적 거인들을 위한 것이 아니며, 당신의 생활에서 재미를 앗아가기 위해 계획된 무미건조한 활동이 아니다. 이러한 훈련을 실천하는 데 필요한 유일한 조건은 하나님이 당신의 결혼을 채워주시기를 사모하는 마음이다.

예배

우리에게는 주일 아침을 맞은 어느 가족이 그려져 있는 노먼 로크웰(Norman Rockwell)의 그림 한 장이 있다. 남편은 면도도 하지 않고 머리도 엉크러진 채로 파자마를 입고 신문 뒤에 얼굴을 숨기고 의자 위에 구부정하게 앉아 있다. 그의 뒤에는 말끔하게 맞춤복으로 차려입은 아내가 교회 갈 차비를 하고 서 있다. 이것은 함께 드리는 예배가 결혼에서의 영적인 측면을 살찌게 하는 데 얼마나 중요한가를 상기시켜 주는 흥미로운 그림이다.

우리는 둘 다 성장하면서 죽 교회에 다녔다. 그것은 우리의 유산이 되었다. 해가 동쪽에서 뜨는 것처럼, 우리 가족은 주일 아침에 교회에 나갔다. 교회에 가는 것을 문제삼은 사람은 없었다. 그것은 마땅히 그리고 당연히 해야 하는 것이었다.

그러나 우리가 결혼해서 집을 멀리 이사하게 되자, 예배는 갑자기 선택사항이 되었다. 우리는 새로운 도시에서 우리 나름의 일과를 정하고, 주일을 보낼 수 있는 기회를 맞게 되었다. 난생 처음으로 교회에 가는 의무에서 벗어났다. 전화를 걸어 우리가 어디 있는지 물어 볼 사람은 아무도 없었다. 아무도 우리를 점검하지 않았다. 이제 우리는 주일에 집에 머물면서 산책을 하거나 햇볕을 쬐거나 책을 읽을 수 있었다. 아니면 교회에 나갈 수도 있었다. 우리는 교회 가는 것을 선택했다.

결혼 초부터, 함께 예배드리는 것은 우리 관계를 위한 휴식과 회복의 규칙적인 경험이었다. 일주일의 하루를 예배를 위해 드리는 것은 우리의 결혼을 안정시키며 나머지 일주일을 채우는 생산성의 횡포로부터 우리를 자유케 한다.

우리가 예배드리는 교회는 친교적인 격려와 영적 재충전의 장소이다. 찬송을 부르고, 성경을 배우고, 하나님을 예배하고, 우리와 같이 영적 추구를 공유하는 친구들을 만나는 것은

> 하나님이여 사슴이 시냇물을 찾기에 갈급함같이 내 영혼이 주를 찾기에 갈급하니이다 내 영혼이 … 하나님을 갈망하나니.
> 시편 42:1-2

위로와 감동을 준다. 함께 예배를 드리는 것은 우리의 관계를 유지시키고, 다가오는 한 주를 더욱 의미있게 만들어 준다.

그리고 학자들의 연구결과는 함께 예배드리기로 결심하는 것이 우리 결혼 정신을 살찌우는 수단이 된다는 것을 뒷받침해 준다. 최근의 연구는 적어도 한 달에 한 번이라도 교회에 출석하는 부부는 평생 이혼하지 않고 결혼생활을 유지할 가능성이 높다는 것을 보여주고 있다. 연구결과는 또한 교회에 출석하는 부부가 함께 예

배드리지 않는 부부보다 그들의 결혼에 대해 더 좋게 생각하고 있음을 보여주고 있다.[8]

예배는 관계를 변화시키는 힘이 있다. 영원히 거룩하신 하나님 앞에 서다 보면 우리는 성장하고 변화한다. 예배하는 가운데 하나님의 변화시키시는 힘은 우리 심령의 성소에 스며들고 사랑할 수 있는 우리의 능력을 확대시킨다.

봉사

"결혼 전까지는 제가 얼마나 이기적인 사람인지를 몰랐어요." 게리(Gary)가 말했다. 결혼한 후 6개월이 지났을 때, 그는 아내 폴라(Paula)가 일주일에 한 번씩 양로원에서 자원봉사한다는 사실을 우리에게 말해 주었다. "처음에는 아내와 떨어져 있는 것이 아주 싫었어요. 그러다가 두어 달 전에 아내를 데려다 주기 위해 함께 갔었습니다." 그는 그 후로 아내와 함께 여러 번 양로원에 가게 되었는데, 양로원에서 노인들을 돕는 것이 한 주간의 가장 중요한 일이 되는 것을 발견했다. "다른 사람을 돕는 것은 기분 좋은 일이에요. 그리고 우리를 더 가깝게 만들어 줍니다. 마치 한 팀이 되어서 주변에 영향을 미친다고나 할까요."

우리는 여러 부부들로부터 비슷한 얘기를 들었다. 둘이 한 팀이 되어 도움의 손길을 뻗치는 데는 무엇인가 기분좋은 것이 있다. 거의 신비스럽게 연합이 이루어진다. 다른 사람에게 도움의 손길을 뻗치는 것은 결혼생활에 겸손, 나눔, 동정, 친밀감을 증진시킨다. 다른 이들을 위해 선을 행하는 것은 부부로 하여금 자신을 초월할 수 있도록 도와주며 보다 큰 무엇에 동참하게 하는 효과가 있다.⁹

당신의 결혼에 함께 봉사하는 삶을 도입하는 데는 수백 가지 방법이 있다. 열쇠는 당신의 스타일에 맞는 것을 발견하는 것이다. 예를 들어, 우리 이웃에는 두 부부가 있는데 적극적으로 봉사활동을 하지만 서로 다른 방식으로 하는 것을 볼 수 있다. 스티브와 탠 무어는(Steve and Thanne Moore) 우리집 건너편에 살고 있는데, 결혼한 지 15년된 부부이다. 그들은 하이티에 살고 있는 로버트 쟈끄(Robert Jacques)라는 고아를 후원하고 있다. 매달 그들은 그의 교육과 옷가지 그리고 음식을 제공하기 위해 돈은 물론 카드와 편지를 보낸다. 특별한 날을 맞으면 스티브와 탠은 그들의 세 자녀로 로버트에게 보낼 그림

> 사랑은 서로를 바라보는 것이 아니라 함께 같은 방향을 바라보는 것이다.
> 앙투안드 생텍쥐페리
> (Antoine De Saint-Exupery)

을 그리게 한다. 그들은 두 번에 걸쳐 하이티까지 가서 고아원을 방문해 로비트와 시간을 함께하고 돌아왔다. 앞으로 그들은 로버트가 대학에 가는 것을 보길 원한다.

우리집 앞으로 나있는 길에서 두 블록 정도 내려가면 데니스와 루시 건지(Dennis and Lucy Guernsey)가 살고 있다. 그들은 결혼한 지 25년째가 되는데, 처음부터 그들은 가정을 개방하고 다른 사람들에게 너그럽게 베풀면서 살기로 결정했다. 데니스와 루시 건지를 아는 사람은 누구나 그들의 후한 손님 대접에 대해 알고 있다. 그들

은 가정을 축하와 맛있는 저녁이 항상 넘치는 장소로 만들었다. 임의적이고 즉흥적일 때가 있는가 하면 계획적으로 우아하게 차릴 때도 있다. 그러나 언제나 특별하다. 이들은 졸업파티와 생일파티를 마련하기도 하고, 새로 이사온 이웃을 환영하는 파티를 열기도 한다. 어머니의 날에는 혼자 사는 어머니를 주일 점심에 초청하기도 한다.

만일 당신이 데니스와 루시 건지, 또는 스티브와 탠 부부에게 왜 다른 사람을 돕느냐고 묻는다면, 그들은 다른 사람을 행복하게 하는 것이 얼마나 보람있는 일인가를 말해줄 것이다. 더불어 그들은 마음을 함께하는 봉사가 그들 자신의 결혼을 얼마나 끈끈하게 연결시켜 주는지도 말해줄 것이다.

우리는 다른 사람들에게 마음을 열고 봉사하는 것이 그들의 결혼에 얼마나 의미가 있는지를 증거할 수 있는 여러 부부들을 알고 있다. 불우한 아동을 후원하는 것, 가정을 개방해 손님을 대접하는 것, 집이 없는 이들에게 담요를 나누어주는 것, 교도소를 방문하는 것, 남을 위해 선을 행하는 것은 당신의 결혼에 유익하다. 영혼의 친구들에게 있어 참된 봉사는 자기 의를 위한 것도, 어떤 보상을 위한 것도 아니다. 그것은 '굉장한 일'도, '대단한 일'도 아니다. 이는 당신의 결혼의 영혼 깊은 곳에서 우러나오는 조용한 격려나 신적인 감동으로 인해 행해지는 것이다.

함께 봉사하는 것에 대해 한 가지 더 언급하겠다. 만일 당신의 봉사가 모두 다른 사람 앞에서 행해진다면, 그것은 피상적인 것으로 남을 것이다. 봉사는 때로 당신 두 사람만 아는 가운데 비밀리에 행해질 수도 있다. 우리는 결혼에서의 영적인 측면이, 작은 일이라 할지라도 익명으로 행할 때 가장 만족스럽게 채워진다는 것을 안다. 우리가 봉사한 결과를 남이 모르게 지켜볼 때, 우리 부부는 더 깊은 봉사와 친밀감으로 나아가게 된다.

> 연습문제 ㉑
>
> | 당신의 봉사생활을 향상시키는 법 |
>
> 다른 사람을 돕는 것은 당신이 상상하는 것보다 훨씬 더 부부간의 유대를 돈독하게 해준다. 워크북 연습문제 '당신의 봉사생활을 향상시키는 법'은 당신 부부의 동반자 관계에 '봉사'의 요소를 어떻게 사용할 수 있을지 보여줄 것이다.

당신의 결혼생활에서 영적 측면을 돌아보는 것은 꾸준한 관심을 필요로 한다. 만일 당신이 그것을 소홀히 한다면, 두 사람의 유대관계는 피상적인 수준에 머무를 것이며, 이는 감정의 기복이라는 파도를 타고 넘지 못하여 결혼을 파경에 이르게 할 수도 있다. 그러나 당신이 함께 동거하는 중에 예배와 봉사와 기도를 통해 영적 측면을 돌아보기를 소홀히 하지 않는다면, 당신은 결혼의 풍파를 무사히 통과할 수 있을 것이다.

기도

사회학자 앤드류 그릴리(Andrew Greeley)는 결혼한 사람들을 대상으로 조사한 결과, 가장 행복한 부부는 함께 기도하는 부부라는 사실을 발견했다. 자주 함께 기도하는 부부는 그렇지 않은 부부보다 그들의 결혼을 극히 낭만적으로 묘사할 가능성이 두 배나 높다. 그들은 또한 상당히 높은 성적인 만족과 더 많은 성적인 환희를 이야기했다.

젊은 부부가 그들의 침대 옆에서 무릎을 꿇고 함께 기도함으로써 신혼여행을 시작하기로 결심했다고 예로부터 전해오는 이야기가 있다. 신부는 그녀의 남편이 기도하는 소리를 듣고 웃음을 터뜨렸다. "이제 우리가 받으려는 것에 대해 주님께 감사하게 하옵소서!"

좀 이상하게 들릴지 모르지만, 결혼생활에서 기도와 섹스 사이에는 아주 긴밀한 관계가 있다. 우선, 기도의 횟수가 성적인 친밀감(성교)의 횟수보다 결혼 만족도에 대한 더 강력한 지표가 된다. 그러나 이 사실에 주목하라. 함께 기도하는 부부는 그렇지 않은 부부보다 성생활에 더 큰 만족을 얻을 가능성이 90%가 더 높다. 또한 배우자와 함께 기도하는 여자는 오르가즘을 더 많이 경험할 가능성이 높다. 뭔가 틀린 말처럼 들리지 않는가? 현대 대중매체는 교회에 다니는 기혼 여성들을 성이 더러운 것이라고 생각하는 '정숙한 체하는 여자'로 묘사하고 있지 않는가? 대중매체가 어떻게 말하든, 기도하는 부부들은 무엇이 진실인지를 더 잘 알고 있다.

탐(Tom)과 캐슬린(Kathleen)보다 더 경건한 모습으로 우리 사무실을 찾아온 사람도 드물다. 그들은 정기적으로 교회에 다녔다. 캐슬린은 성가대였고, 탐은 중등부를 가르쳤다. 캐슬린은 여자 성경공부반에 참여했고, 탐은 남자 제자반에 참여했다. 교인들은 모두 탐과 캐슬린은 헌신된 영적 지도자로 우러러 보았다. 그러나 그들이 우리를 찾아왔을 때, 그들의 5년째인 결혼생활은 막다른 지경으로까지 치닫고 있었다. 그들은 우리에게 자신들의 이야기를 들려주었는데, 여러 차례 들어본 내용이었다. 그들은 자신들의 결혼을 돌보는 것을 제외하고 갖가지 다른 일에 열심히 참여하고 있었는데, 그 결과 '사랑이 식어버렸다'는 것이었다. 탐과 캐슬린은 모든 영적 열정에도 불구하고 그들의 결혼 정신이 메마르도록 방치해 두었던 것이다.

"두 분이 함께 기도한 것이 언제였습니까?" 우리 중 하나가 물었다. 두 사람은 서로를 쳐다보았다. 대답은 뻔한 것이었다. 부부가 함께 기도한 것은 아주 오래 전의 일이었다.

우리는 그들과 대화를 좀더 나눈 뒤, 간단한 숙제를 내주었다. 그것은 사실 하나의 실험과 같은 것이었다. 그 과제는 부부가 잠자리에 들기 전에 함께 간단하게 기도해 보라는 것이었다.

5일이 지난 후 우리는 한 통의 전화를 받았다. "저는 캐슬린인데요. 제 말이 정신나간 소리처럼 들릴지 모르겠지만 저희 관계가 180도 달라졌어요." 그녀는 우리에게 함께 잠시 기도하는 것이 그들의 영과 결혼을 완전히 소생시켰다고 말했다.

아무리 많은 종교 활동도 부부가 함께 기도하는 시간을 대신할 수는 없다. 그러나 기도가 그렇게 결혼생활에 좋은 것이라면, 왜 더 많은 부부가 기도하지 않는 것일까? 당신은 반문할지도 모른다. 그 이유는 부부가 함께 기도하는 것이 쉽지 않기 때문이다.

기도는 자신의 취약한 부분을 드러내는 행위이다. 우리가 방패를 내려놓는 것은, 그것이 배우자 앞에서라 할지라도 자신의 급소를 드러내는 것은 극히 위협적인 상황에 자신을 노출시키는 것이다(이것은 특히 남자들의 경우에 그렇다). 우리의 배우자보다 우리의 진면목을 더 잘 아는 사람이 없지 않은가! 아무도 보지 않을 때 우리의 배우자는 우리를 보고 있다. 그러므로 배우자가 듣고 있을 때 하나님 앞에서 어떻게 완전히 솔직할 수 있느냐 하는 것이다. 어떻게 나의 참소망과 바람을, 나의 두려움과 고통을, 나를 사로잡고 있는 죄를 표현할 수 있을까? 많은 부부들이 기도를 하지 않는 쪽을 선택하는 것도 놀라운 일이 아니다. 자신의 연약함을 노출시켜야 한다는 부담이 너무나 큰 것이기 때문이다.

우리 부부에게 있어서도 함께 기도하는 것이 언제나 자연스럽고 쉬운 일은 아니었다. 우리는 기도를 통해 상대방에게 설교하는 그물에 걸릴 때도 있었고, 우리의 '선한' 의도로 상대방을 때릴 때도 있었다. 그러나 여러 해를 거치면서, 우리는 효과적으로 기도할 수 있도록 도와준 몇 가지 원리를 찾아내었다. 첫째로, 우리는 감사의 기도를 드린다. 감사드리는 것이 전부이다. 우리의 요구나 어려움에 대해 간구하기보다 우리는 단순히 하나님께 감사를 올린다. 가끔 주님께서 가르쳐 주신 기도를 함께 말하기도 한다(마 6:9-13). 그리고 어떤 때는 우리 중 하나가 침묵의 기도를 시작하거나 하나님의 음성을 경청하는 시간을 시작하거나 짤막한 문장식 기도를 드리기도 한다. 중요한 것은 기도한다는 것이다. 기도하는 데는 옳고 그른 방식이 있는 것이 아니다. 공유된 기도 속에서 하나님과 영적으로 교제하려는 우리의 모든 시도는 결혼 정신을 키워주는 자양분이 된다.

연습문제 ㉒

| 배우자를 연구하기 |

서로 기도하는 것이 결혼에서 중요하지만, 서로를 위해 기도하는 것 역시 중요하다. 워크북 연습문제 '배우자를 연구하기'는 당신이 배우자를 위해 보다 효과적으로 기도할 수 있도록 도와줄 것이다.

그러므로 이것을 기억하라

깊이 사랑하는 대부분의 부부들처럼, 우리는 결혼하기 전부터 서로 영혼의 친구가 되기를 원했다. 이와 같은 우리의 비전에 촉매제가 된 것은 쉘돈과 데이비 배노켄(Sheldon and Davy Vanauken)이라는 두 연인의 실화를 담은 『가혹한 자비』(*A Severe Mercy*)라는 책이었다. 이들은 영혼의 하나됨을 꿈꾸었을 뿐만 아니라 이른바 '빛나는 성채'(Shining Barrier)를 구축하기 위해 구체적인 전략까지 세웠다. 목표는 그들의 사랑을 아무도 공격할 수 없게 만드는 것이었다. 계획은 모든 것을 나누는 것이었다. 즉 모든 것을 모조리 공유하는 것이었다. 만일 둘 중 하나가 무엇을 좋아하면, 뭔가 좋아할 만한 이유가 있을 것이라고 그들은 마음먹었다. 그래서 상대 배우자는 그 이유를 발견해야 했다. 그것이 시든지, 딸기든지, 배에 대한 관심이든지, 두 사람은 어느 한쪽이 좋아하는 것을 공유하고 나누기로 작정했다. 그와 같이 하여 이들은 서로를 연결하는 크고 작은 수천 개의 실을 만들었던 것이다. 그들은 모든 것을 나눔으로써 너무나 가까워지면 두 사람 중 어느 한 사람도 그와 같이 다른 사람과 친근한 관계를 다시 시도하는 것이 불가능할 것이라고 생각했다. 전폭적인 나눔이 영원히 지속되는 사랑의 궁극적인 비결이라고 그들은 확신했던 것이다.

'빛나는 성채'의 성벽 위에 파수꾼이 되도록 하기 위해, 쉘돈과 데이비는 이른바 '항해사의 회의실'(Navigators' Council)을 만들었다. 연합상태에 대한 질의를 하는 제도였다. 둘은 충분히 나누고 있는가? 두 사람 사이가 멀어진다는 조그마한 징후라도 있는가? 그들은 한 달에 한 번 이상 자신들의 관계에 대해 의도적으로 이야기하고 이것이 사랑을 위해 최선인가를 물음으로써 그들의 활동상황을 평가했다.

이 '빛나는 성채'(사랑을 보호하고 외부의 공격을 막으려는 요새화 전략)의 무엇인가가 우리 내외에게 호소하는 바가 있었다. 우리는 사랑의 광채를 상실하지 않도록 보초를 서기 원했다. 우리는 이혼을 두려워했다기보다는 그보다 더 교묘한 적, 즉 점진적 거리감으로 소원해지는 것을 두려워했다. 주변에서 우리는 사람들이 사랑을 당연하게 받아들이고 그 결과로 결혼이 무너져 내리는 것을 지켜봤다. 우리가 아는 부부들 중 어떤 이들은 세월이 흐를수록 함께하는 활동을 중단하고, 별도의 관심사를 개발하여 서로 다른 취미생활을 하면서 '우리'를 '나'로 전환시키고 있었다. 우리는 교묘한 거리감이 예고도 없이 그들 관계에 스며들어, 부부가 별개의 세계, 별개의 직업으로 흩어져 가는 것을 보았다. 그러는 동안 소외감은 서서히 그들의 하나됨을 갉아먹고 있었다. 왜 이런 일이 우리에게 일어나야 하는가? 왜 우리는 쉘돈과 데이비처럼 '빛나는 성채'를 구축하지 않는가?

우리는 영감을 받았다.

늦은 봄, 결혼식을 올리기 며칠 전, 우리는 긴 의자에 앉아 우리의 사랑과 곧이어 따르게 될 헌신에 대해 이야기하면서, 이혼하지 않고 함께 지속하기 위해 혼인서약서를 쓰는 것이 무언가 차갑다고 생각했다. 우리는 마땅히 해야 하기 때문에, 외부적으로 우리에게 강요되어졌기 때문에 부부간의 '도리'를 행하고 싶지는 않았다. 우리는 '빛나는 성채'의 이상적 흔적조차 초월하는 더 깊은 결합을 추구하고 있었다. 바로 그때 쉘돈과 데이비의 이야기가 주는 교훈이 섬광처럼 우리에게 깨달아졌다. 우리가 영혼의 친구가 되는 것은 궁극적으로 사랑에 호소한다고 되는 것도, 과도한 나눔의 생활을 하기로 헌신한다고 되는 것도 아니다. 영혼의 친구가 되는 것은 하나님께 호소함으로 가능한 것이다.

당신과 당신의 배우자가 영혼 대 영혼으로 연결되고 싶어하는 아프도록 불타는 욕구는 두 사람의 영이 더 큰 영이신 예수 그리스도, 궁극적인 '빛나는 성채'에 의해 연합될 때만 충족될 수 있는 것이다. 그러므로 이것을 기억하라. 영혼의 친구가 되는 거룩한 비결은 두 사람이 하나님과의 영적인 교제를 사모하고 추구하는 것이다.

묵상을 위하여

- 어떤 부부들은 '똑같은 것'과 '50 대 50의 결혼'을 영혼의 친구가 되는 것과 혼동하기도 한다. 이것은 어떤 면에서 정확하지 않다고 할 수 있는가?
- 우리의 영혼에는 배우자와는 물론 하나님과 더 깊은 의미와 연결을 누리고 싶어하는 갈망이 있다. 사람들은 영혼의 목마름을 어떠한 방식으로 해소하려 하는가? 이 욕구를 충족시키기 위해 사람들이 시도하는 긍정적, 부정적 방법에는 어떤 것이 있는가?
- 당신의 관계 속에서 하나님은 어떻게 계시되는가?
- 함께 기도하는 것은 부부에게 어려울 수도 있다. 때때로 한 배우자가 다른 배우자보다 더 쉽고 열성적으로 기도할 수 있다. 이러한 불균형은 다른 배우자로 하여금 '기도를 부끄러워하게' 만들 수도 있다. 이 영적 훈련을 어떻게 당신의 결혼의 한 부분이 되게 할 수 있는가?
- 부부는 봉사활동을 함께하면서 그들의 결혼 정신을 어떻게 유지할 수 있는가? 당신은 봉사를 통해 더 가까운 영혼의 친구가 되는 것을 실천하고 있는 부부를 아는가? 당신은 어떤 방식으로 두 사람의 결혼생활에서 봉사를 실천할 수 있는가?

후주

시작하기 전에

1. 이 조사결과는 455명의 신혼부부들과 75명의 오랫동안 결혼생활을 한 부부들이 처음 5년간의 결혼생활을 회고하면서 응한 전국적인 조사를 통해 알 수 있다. 이 조사결과는 다음 책으로 출판되었다. Miriam Arond and Samuel L. Pauker, *The First Year of Marriage* (New York: Warner, 1987).

2. A. Cook, "The $60,000 Wedding," *Money Magazine* (May 1990).

3. 이 조사결과는 1,037명의 18세 이상인 성인을 대상으로 하여 전화 인터뷰를 실시한 것이다. 이 조사는 1988년 9월 24일에 시작하여 10월 9일까지 실시되었다. 무작위의 표본 추출로 인한 오차는 4%를 더하거나 뺄 수도 있다.

> 첫번째 질문

당신은 결혼에 얽힌 신화들을
솔직한 심정으로 직면한 적이 있는가?

1. J. H. Larson, "The Marriage Quiz: College Students' Beliefs in Selected Myths about Marriage," *Family Relations* 37, no.1(1988):43-51. 결혼한 지 평균 1년 된 부부를 대상으로 연구한 바에 의하면, 거의 모든 부부가 결혼에 대한 잘못된 개념으로 인해 몇 달 내에 크게 실망했음을 보여주고 있다. 이 결과는 레더러(W. Lederer)와 잭슨(D. Jackson)의 책, *The Mirages of Marriage*(New York: Norton, 1968)에서 언급한 것을 그대로 반영한 것이다.

2. Mike Mason, *The Mystery of Marriage*(Portland, Oreg.: Multnomah, 1985), 31.

3. M. Scott Peck, *The Road Less Traveled: A New Psychology of Love, Traditional Values, and Spiritual Growth*(New York: Simon and Schuster, 1978), 84-85(이 책은 『아직도 가야 할 길』이라는 제목으로 열음사에서 번역출판되었다 - 역자주). 펙 박사는 또한 다음과 같이 쓰고 있다. "사랑에 대한 잘못된 개념 중에서 가장 강하게 널리 퍼져 있는 것은 '사랑에 빠지는 것'이 사랑이라는 믿음이다 … 이것은 완전한 오해이다. 사랑에 빠지는 경험은 구체적으로 성

과 연결된 에로스적인 경험이다. 우리는 의식하든 의식하지 못하든 성적으로 동기부여가 되었을 때에만 사랑에 빠진다."

4. 모든 연인들은 자신의 실제 모습보다 더 정서적으로 건전하게 보이려는 거짓된 게임을 하고 있다. 하빌 헨드릭스(Harville Hendrix)는 다음과 같이 말한다. "당신의 욕구와 필요가 그렇게 많지 않은 것처럼 보이면, 파트너는 당신의 삶의 목표가 상대를 지원해 주는 것이라고 자유롭게 가정한다. 이렇게 되면 당신은 매우 바람직한 배우자로 보이게 된다." *Getting the Love You Want*(New York: HarperCollins, 1990), 45.

5. John Levy and R. Munroe, *The Happy Family*(New York: Knopf, 1959).

6. J. F. Crosby, *Illusion and Disillusion: The Self in Love and Marriage*, 2nd ed.(Belmont, Calif.: Wadsworth, 1976). 그리고 O. Kernberg, "Why Some People Can't Love," *Psychology Today 12*(June 1978): 50-59.

7. 잠언 27:17.

8. J. F. Crosby, *Illusion and Disillusion: The Self in Love and Marriage*.

9. 신명기 24:5.

> 두번째 질문
> 당신은 당신의 사랑 스타일을 아는가?

1. 이것은 새로운 현상이 아니다. 1966년에 실시한 여론조사에서 결혼한 부부의 76%는 '사랑'을 결혼의 주요 원인으로 지적하였다. 10년 후인 1976년에 어느 심리학자가 75,000명의 주부를 대상으로 조사한 바에 의하면, 그들이 결혼을 결정한 가장 중요한 이유도 역시 '사랑'으로 밝혀졌다. 그 심리학자는 결론에서 "사랑, 사랑, 사랑이 다른 모든 요인을 물리치고 선두주자로 나타났다"고 기록하고 있다. Paul Chance, "The Trouble with Love," *Psychology Today* (February, 1988): 44-47.

2. L. Wrightsman and K. Deaux, *Social Psychology in the Eighties* (Monterey, Calif.: Brooks/Cole, 1981), 170.

    1949년부터 1983년까지 34년 동안, 사회학과 심리학 전문지에 실린 사랑에 대한 논문은 27편밖에 되지 않는다. 그리고 각 논문은 그 저자에게 직업적인 모험이었다. 예를 들어, 사회학자 넬슨 후트가 1953년에 "사랑"이라는 소논문을 발표했을 때, 그는 조롱거리가 되었고 그를 너무나 감상적이라고 선언했던 다른 학자들로부터 수많은 비난편지를 받아야 했다.

    미국심리학회(American Psychological Association) 총회에서 한 패널

토의자는 다음과 같이 주장했다. "과학자가 실험실에 사랑을 투입하려는 시도를 한다면, 그 제안 자체가 사랑이라 불리는 상태를 비인간화시키는 것이다."

3. Robert Sternberg, "A Triangular Theory of Love," *Psychological Review* 93(1986):119-135.

4. 아가 1:2.

5. Neil Clark Warren, *Finding the Love of Your Life*(Colorado Springs: Focus on the Family, 1992). (요단출판사에서 『평생의 반려자를 선택하는 열 가지 방법』이라는 제목으로 출판되었다 - 역자주).

6. Paul Tournier, *The Meaning of Gifts*(Atlanta: John Knox Press, 1963).

7. 심리학자 마르시아 래스웰(Marcia Lasswell)과 그녀의 동료들은 사랑을 주제로 한 설문지에 응답한 수천 명의 반응을 분석하여 다음의 사랑 스타일을 밝혀냈다. 가장 좋은 친구로서의 사랑, 게임 식의 사랑, 논리적 사랑, 낭만적 사랑, 소유적 사랑, 비이기적 사랑. 그러나 이런 사랑 스타일은 결혼관계 내의 사랑에는 적절하지 않다.

8. 이 단계들은 제임스 오슬러스(James Othuis)와 수잔 캠벨(Susan Campbell) 등 몇몇 저자에 의해서 상세하게 언급되었다. 관심 있는 분들은 James Othuis, *Keeping Our Troth*(San Francisco: Harper & Row, 1986)와 Susan Campbell, *The Couple's Journey: Intimacy as a Path to Wholeness*(San Luis Obispo, Cal.: Impact Publishers, 1980), 그리고 Liberty Kovacs, *Marital*

Development(1991)를 참조하라.

9. D. Knox, "Conceptions of Love at Three Developmental Levels," *The Family Coordinator* 19, no. 2(1970): 151-157.

10. 낭만적 사랑을 키우기 위해 더 많은 조언을 원하면, 노먼 라이트의 책 『부부 로맨스』(생명의 말씀사, 1997)를 참고하라.

11. 존 쿠버(John Cuber)의 책, *The Significant Americans*(New York: Appleton/Century, 1966)에 보고된 연구결과는 비슷한 결과를 보여준다.

12. Stacey Oliker, *Best Friends and Marriage*(Los Angeles: University of California Press, 1989).

13. Nick Stinnett, "Strengthening Families," Paper presented at the *National Symposium on Building* (Family Strengths University of Nebraska Lincoln Nebraska.)

14. Alfred Kinsey, Wardell Promeroy, and Clyde Martin, *Sexual Behavior in the Human Male*(Philadelphia: W. B. Sanders, 1948), 544.

세번째 질문

당신은 행복이라는 습관을 개발하였는가?

1. Mary Landis and Judson Landis, *Building a Successful Marriage*(Englewood Cliffs, N. J.: Prentice Hall, 1958).

2. Allen Parducci, "Value Judgments: Toward a Relational Theory of Happiness." In *Attitudinal Judgment*, edited by J. Richard Eiser(New York: Springer-Verlag, 1984).

3. 마리아와 요셉의 문제를 이해하기 위해서는, 그 당시의 결혼풍습에 대해 알 필요가 있다. 현대 로맨스에서는 약혼식이 약혼의 전주곡이다. 약혼식에서 두 사람은 법적으로 매이게 되고 파혼이 아니고는 갈라설 수 없게 된다. 결혼하는 것은 몇 년이 지난 후일 수도 있다. 결혼식 자체는 며칠이 걸리기도 하고 일주일간 계속되기도 하였다. 나귀를 타고 90마일 이상을 온 친척들은 결혼식에 참석하여 며칠간 머무르면서 가족 소식을 듣고, 관계를 진전시키며, 신랑 신부에게 축하하였다. 여러 날에 걸친 결혼식이 끝난 후에라야 신랑과 신부는 함께 살 수 있었다. 마리아에게는, 임신한 것이 약혼식을 하고 결혼하기 전이었다. 이것은 마리아와 요셉 양측에 엄청난 적응을 요구하는 일이었다.

4. 원한과 책임전가는 때로 두 가지가 함께 힘을 합쳐 결혼의 행복을 방해한다. 예를 들어, 당신이 과거의 상처를 현재의

배우자에게 투사를 하면, 당신은 정신과 의사 이반 보스초르메니-나기(Ivan Boszormenyi-Nagy)가 '회전하는 원장'(evolving ledger)이라고 불렀던 심리역동을 작동시키고 있는 것이다. 당신의 생애 어느 시점에, 누구인가 아니면 무엇인가가 당신에게 상처를 입혀 일련의 정서적 채무를 기록하였다. 시간이 지난다. 당신은 회전문을 통해 걸어 들어가, 이제 배우자에게 청구서를 내민다. 당신은 두 가지 숨은 기대를 가지고 있다. 첫째, "나에게 상처를 준 것이 당신이 아니라는 것을 증명하라." 바꾸어 말해서, "나의 과거를 보상하라. 나에게 빚진 것을 돌려달라." 둘째, "만일 당신이 그 상처를 상기시키는 행동을 하나만 하면, 나는 당신을 처벌할 것이다." 정서적 전이가 일어나고 있는 것이다.

이 정서적 전이가 결혼생활 초기에는 잘 일어나지 않는다는 것을 기억하는 것이 중요하다. 이런 현상은 부부가 서로를 어느 정도 잘 알게 된 후에 일어난다. 다시 말해, 당신이 실망하고 기대하고 바랐던 것이 일어나지 않는다는 것을 발견했을 때 일어나는 것이다.

5. David Myers, *The Pursuit of Happiness: Who is Happy and Why* (New York: Morrow, 1992). And George Gallup, Jr. and F. Newport, "Americans Widely Disagree on What Constitutes 'Rich'," *Gallup Poll Monthly* (July 1990): 28-36.

> 네번째 질문

당신은 뜻하는 바를 말하고, 상대방의 말을 들을 때 이해할 수 있는가?

1. H. J. Markman, "Prediction of Marital Distress: A Five-Year Follow-Up," *Journal of Consulting and Clinical Psychology* 49(1981): 760-762.

2. 1988년 9월 24일부터 10월 9일까지 실시된 Gallup Poll에 보도된 내용이다.

3. Laurens Van der Post, *The Face Beside the Fire* (New York: William Morrow and Company, Inc., 1953), 268.

4. Virginia Satir, *The New Peoplemaking*, rev. ed. (Mountain View, Calif.: Science and Behavior Books, 1988).

5. R. M. Sabatelli, R. Buck, and A. Dreyer, "Nonverbal Communication Accuracy in Married Couples: Relationship with Marital Complaints," *Journal of Personality and Social Psychology*, 43, no. 5(1982): 1088-1097.

6. Paul Tournier, *To Understand Each Other* (Atlanta: John Knox Press, 1967), 29. (이 책은 『서로를 이해하기 위하여』라는 제목으로 기독교문서선교회에서 번역출판되었다 - 역자주).

7. Deborah Tannen, *You Just Don't Understand* (New York: Ballantine, 1990). (이 책은 『대화 통로 뚫기』라는 제목으로 도서출판 한언에서 번역출판되

었다 - 역자주).

8. Helen Fisher, *Anatomy of Love* (New York: W. W. Norton and Company, 1992).

다섯번째 질문
당신은 남녀 차이를 얼마나 좁혔는가?

1. Betty Friedan, *The Second State*(New York: Summit Books, 1986).
2. 이 단순한 구분은 사실 방대한 양의 생리적, 호르몬적, 해부학적, 신경학적, 심리적, 사회학적 차이에 대한 연구에 근거를 둔 것이다. 자세한 내용을 원하면 다음 책을 보라. Julia Wood, *Gendered Lives: Communication, Gender, and Culture*(Belmont, Calif.: Wadsworth Publishing Company, 1994), 그리고 Susan Basow, *Gender: Stereotypes and Roles*, third edition(Pacific Grove, Calif.: Brooks/Cole Publishing Company, 1992).
3. 남녀의 근본적 차이를 말하는 데는 몇 가지 방법이 있다. 월터 웬게린 2세(Walter Wangerin, Jr.)는 『나와 내 집은』(As for Me and My House)에서, 남자는 '도구적인 성향'이, 여자는 '표현적인 성향'이 있다고 말했다. 존 그레이(John Gray)는 『화성에서 온 남자, 금성에서 온 여자』에서, 남자는 '축소지향적'이고 여자는 '확대지향적'이라고 말했다.
4. H. J. Markman and S. A. Kraft, "Men and Women in Marriage: Dealing with Gender Differences in Marital Therapy," *The Behavior Therapist* 12(1989): 51-56.
5. Deborah Tannen, *You Just Don't Understand: Women and Men in Conversation*(New York: Ballantine, 1990). (이 책은 『당신은 정말 이해

할 수 없어요』라는 제목으로 도서출판 한언에서 번역출판되었다 - 역자주).

6. 130커플의 건강하고 행복한 부부를 대상으로 연구한 바에 의하면, 거의 모든 남편들은 그들의 배우자가 어떻게 하면 자신을 기분 좋게 할 수 있는지를 알고 있다고 보고하였다. M. Lasswell and T. Lasswell, *Marriage and the Family*(Lexington, Mass.: Heath, 1982).

7. John Gray, *Men Are from Mars, Women Are from Venus*(New York: HarperCollins, 1992), 29. (이 책은 『화성에서 온 남자, 금성에서 온 여자』라는 제목으로 친구출판사에서 번역출판되었다 - 역자주).

여섯번째 질문

당신은 부부싸움을 잘하는 법을 아는가?

1. H. J. Markman, "Constructive Marital Conflict Is Not an Oxymoron," *Behavioral Assessment* 13(1991): 83-96.

2. H. J. Markman, S. Stanley, F. Floyd, K. Hahlweg, and S. Blumberg, "Prevention of Divorce and Marital Distress," *Psychotherapy Research*(1992).

3. E. Bader, "Do Marriage Preparation Programs Really Help?" 이것은 전국협의회에서 "가족관계 연감 참고문헌"(Family Relations Annual Conference)에 관해 제출한 논문이다(Milwaukee, Wis., 1981).

4. E. L. Boroughs, "Love and Money," *U. S. News & World Report*(October 19, 1992): 54-60. G. Hudson, "Money Fights," *Parents*(February 1992): 75-79.

5. 네 가지 불길한 상호작용 방식에 대해서 더 많이 알기를 원한다면 다음을 참고하라. John Gottman, *Why Marriages Succeed or Fail*(New York: Simon & Schuster, 1994).

6. F. D. Cox, *Human Intimacy: Marriage, the Family, and Its Meaning*(New York: West, 1990).

7. C. Notarius and H. Markman, *We Can Work It Out: Making Sense of Marital Conflict*(New York: Putnam, 1993).

> 일곱번째 질문

당신과 당신의 배우자는 영혼의 친구인가?

1. E. F. Lauer, "The Holiness of Marriage: Some New Perspectives from a Recent Sacramental Theology," *The Journal of Ongoing Formation* 6(1985): 215-226.
2. D. R. Leckey, "The Spirituality of Marriage: A Pilgrimage of Sorts," *The Journal of Ongoing Formation* 6(1985): 227-240.
3. D. L. Fenell, "Characteristics of Long-term First Marriages," *Journal of Mental Health Counseling* 15(1993): 446-460.
4. 이사야 62:5.
5. 하나님은 성경에서 자주 '질투하는 하나님'(출 20:5; 34:14; 신 4:24; 5:9; 6:15)으로 나타나 있다. 이 문구는 현대인의 귀에 이상하게 들릴지 모르지만, 이 표현 뒤에는 아름다운 개념이 깔려 있다. 그 모습은 우리 영혼을 열정적으로 사랑하는 연인으로서의 하나님의 모습이다. 사랑은 언제나 배타적인 것이다. 어떤 사람도 두 사람을 동시에 온전히 사랑할 수는 없다. 하나님을 질투하는 하나님이라고 말하는 것은 하나님께서 남자와 여자를 사랑하는 연인이라고 말하는 것이며, 그의 마음은 라이벌을 감내하지 않는다는 뜻이다. 하나님은 우리가 마음을 온전히 바쳐서 그를 사랑하기를 원하신다. 신인(神人)관계는 왕과 신하의 관계가 아니며, 주인과 종의 관계

도 아니고, 소유주와 노예의 관계도 아니며, 재판관과 피고인의 관계도 아니다. 사랑하는 자와 사랑받는 자의 관계로서, 남편과 아내 사이의 완전한 결혼관계로만 비견될 수 있는 것이다.

6. 디모데후서 2:13.
7. L. M. Foerster, "Spiritual Practices and Marital Adjustment in Lay Church Members and Graduate Theology Students," *DissertationGraduate School of Psychology* (Fuller Theological Seminary Pasadena California 1984.)
8. S. T. Ortega, "Religious Homogamy and Marital Happiness," *Journal of Family Issues* 2(1988): 224-239.
9. D. A. Abbott, M. Berry, and W. H. Meredith, "Religious Belief and Practice: A Potential Asset in Helping Families," *Family Relations*(1990): 443-448.